Thomas Söding
Christian Münch

Kleine Methodenlehre zum Neuen Testament

Thomas Söding
Christian Münch

Kleine Methodenlehre zum Neuen Testament

FREIBURG · BASEL · WIEN

Alle Rechte vorbehalten
© Verlag Herder, Freiburg im Breisgau 2005
www.herder.de
Einbandgestaltung: Finken & Bumiller, Stuttgart
Satz: Barbara Herrmann, Freiburg
Druck und Bindung: Těšínská tiskárna a.s., Český Těšín
Gedruckt auf umweltfreundlichem, chlorfrei gebleichtem Papier
Printed in the Czech Republic 2005
ISBN 3-451-28782-X

Inhalt

Vorwort 7

Einführung 9
   1 Die Kunst der Exegese 9
   2 Die Übersetzung des Neuen Testaments 21

Analyse 26
   Orientierung 26
   1 Textkritik 32
   2 Situationsanalyse 42
   3 Kontextanalyse 51
   4 Formanalyse 59
   5 Gattungsanalyse 74
   6 Traditionsanalyse 86
   7 Redaktionsanalyse 100
   8 Sachanalyse 109
   9 Motivanalyse 115

Interpretation und Rekonstruktion 128
   Orientierung 128
   1 Interpretation 129
   2 Historische Rekonstruktion 147

Weiterführung 156

Anhang 160
   Anmerkungen 160
   Literatur zu den exegetischen Methoden 168
   Schriftstellen (Neues Testament) 170

Vorwort

Die Methodenlehre führt in die Kunst der neutestamentlichen Exegese ein. Das Neue Testament ist frühchristliche Literatur; es ist ein geschichtliches Dokument der Urkirche; und es ist der zweite Teil der Heiligen Schrift. In Übereinstimmung mit diesem Textverständnis werden auf dem heutigen Stand des Problembewusstseins die wichtigsten Schritte der Text-Analyse vorgestellt und mit den Aufgaben der Textauslegung, aber auch der historischen Arbeit am Neuen Testament verbunden.

Das Methoden-Konzept steht in der Tradition »historisch-kritischer« Exegese, greift aber neue Methoden auf, sofern sie der Erschließung des geschichtlichen Schriftsinns dienen; es ist einer Bibelauslegung verpflichtet, für die philologischer Eros, historische Unbestechlichkeit und theologische Verantwortung keine Gegensätze, sondern eine innere Einheit darstellen. Ökumenische Verbundenheit zwischen katholischer und evangelischer Exegese ist selbstverständlich; die Möglichkeiten jüdisch-christlicher Dialoge über den so sensiblen Gegenstand des Neuen Testaments sollen intensiv genutzt werden; Fairness gegenüber nicht-biblischen Religionen und Philosophien ist eine Voraussetzung wissenschaftlicher Arbeit. Von besonderer Bedeutung ist das Gespräch mit der alttestamentlichen Exegese. Entscheidend ist die Suche nach der befreienden Wahrheit des Evangeliums, die vor dem Hintergrund des Alten Testaments in der inspirierten Bezeugung des Christusgeschehens durch das Neue Testament gefunden werden kann.

Die »Kleine Methodenlehre« fußt auf dem größeren »Methodenbuch zum Neuen Testament« von 1998. Dessen Titel »Wege der Schriftauslegung« zeigt an, dass dort hermeneutische Grundfragen des Schriftverständnisses und der Schriftauslegung größeren Raum eingenommen haben. Für die Zwecke universitärer Lehre soll jetzt eine kompakte »Kleine Methodenlehre« vorgestellt werden, die sich auf die Textanalyse konzentriert. Die einschlägigen Paragraphen des Methodenbuches von 1998 bilden die Basis, sind aber auf dem heutigen Diskussionsstand gründlich überarbeitet worden.

Wenn das Studienbuch hilft, die Freude am Lesen des Neuen Testaments zu stärken und die Konzentration auf seine geschichtliche wie theologische Bedeutung zu fördern, hätte es sein Ziel erreicht.

Wuppertal, im Juli 2005 *Thomas Söding*
Christian Münch

Einführung

1 Die Kunst der Exegese

Die Exegese des Neuen Testaments ist eine Kunst. Diese Kunst kann man lernen. Man wird sie nur lernen, wenn man weiß, dass man sie nie perfekt beherrscht und dass der Sinn der neutestamentlichen Texte durch keine noch so große Auslegungskunst je erschöpft werden kann. Aber ohne dass man sich genauestens mit den exegetischen Techniken vertraut gemacht und sie immer wieder in der Praxis erprobt hat, wird man kaum eine Ahnung gewinnen vom Bedeutungsreichtum des Neuen Testaments und von der Notwendigkeit jeweils neuer Bemühungen um eine text-, sach- und zeitgemäße Exegese.

1.1 Lesen lernen

Was es in der Exegese des Neuen Testaments zu lernen gilt, ist die Kunst des Lesens. Gemeint ist ein Lesen, das den Sinn der Texte verstehen will: ihren Hintergrund, ihre Voraussetzungen, ihren Gehalt und ihre Wirkung. Verhängnisvoll wäre die Annahme, die neutestamentlichen Autoren müssten wie wir Heutigen reden, schreiben, denken und fühlen. Das Neue Testament ist vor knapp zweitausend Jahren entstanden. Es trägt die Spuren seiner Entstehungszeit allenthalben an sich. Der große zeitliche und kulturelle Abstand zwischen der Zeit des Neuen Testaments und der Gegenwart lässt sich nicht einfach überspringen. Er muss wahrgenommen, reflektiert und bearbeitet werden, damit es zu einem Gespräch mit den urchristlichen Schriften kommt, in dem sie tatsächlich die Chance haben, mit dem zu Wort zu kommen, was *sie* zu sagen haben. Deshalb ist das Lesen des Neuen Testaments eine Kunst.

Die größte Gefahr geht von scheinbaren Selbstverständlichkeiten aus: zu schnell zu glauben, den Sinn eines Textes verstanden, sein Profil erkannt, seine historische Substanz erklärt zu haben; zu unkritisch traditionelle Interpretationen oder ganz neue Hypothesen für richtig zu halten; zu oberflächlich den Text zu studieren; zu wenig in die Tiefe zu gehen.

Eine gelungene Auslegung ist immer Eingebung; plötzlich fällt es einem wie Schuppen von den Augen, und der Text stellt sich in einem neuen Lichte dar. Solche Momente kann man nicht herbeizwingen, man kann aber auch nicht einfach auf sie warten. Sie müssen vorbereitet sein und nachbereitet werden. Als echte Kunst ist die Exegese immer auch solides Handwerk. Gute Handwerkskunst setzt lange *Erfahrung*, solides *Wissen* und passendes *Werkzeug* voraus. All dies kann man sich mit der Zeit auf dem Wege vom Lehrling über den Gesellen zum Meister aneignen.

Die entscheidende Aufgabe besteht darin, die Sprache des Neuen Testaments zu lernen. Dabei geht es nicht nur um das Griechische der urchristlichen Schriften, das Aramäische der Muttersprache Jesu und das Hebräische des Alten Testaments. Es geht in einem ganz elementaren Sinn um das, *was* die neutestamentlichen Schriften sagen, und um die Art und Weise, *wie* sie es sagen. Welche Themen haben sie verfolgt? Welche Erfahrungen haben sie zum Ausdruck gebracht? Welches Weltbild haben sie projiziert? In welchen kulturellen, sozialen, politischen, ökonomischen Verhältnissen sind sie entstanden? Welcher Wortschatz hat ihnen zur Verfügung gestanden? Welche Bildersprache haben sie gesprochen? Welche Kommunikationstechniken haben ihre Autoren entwickelt? Welche Anlässe haben sie genutzt? Welche Effekte haben sie erzielen wollen? Welchen Zusammenhang gibt es zwischen den vielen Äußerungen und Intentionen, die sich im Neuen Testament gesammelt finden?

1.2 Erfahrungen sammeln

Wer die Fragen beantworten will, die sich mit dem Neuen Testament stellen, beginnt nicht beim Nullpunkt, sondern reiht sich in eine große Schar von Bibelwissenschaftlern ein, die seit langem, nicht erst seit dem Aufkommen der historisch-kritischen Exegese, um Antworten ringen. Die *Erfahrung* dieser Vorgänger darf zwar nicht als sakrosankt gelten, sondern muss immer wieder in Frage gestellt werden, ist im Ganzen aber eine Vorgabe, ohne die keine überzeugende Bibelauslegung und auch keine innovative Bibelforschung gelingen kann. Nicht von ungefähr beginnen viele exegetische Monographien mit einer »Forschungsgeschichte«. Spötter meinen zwar, dass sie häufig nur dazu dienen soll, die Unvergleichlichkeit der ureigenen Einsichten des nun zur Feder greifenden Autors hervorzuheben; in guten Arbeiten aber dokumentiert sie, wie intensiv es sich in den Gang der wissenschaftlichen Diskussion einzuschalten und wie vielfältige Anregungen es in Form von Zustimmung und Kritik zu verarbeiten gilt. Bis man in der Exegese kompetent mitreden kann, muss man ein recht umfangreiches Lernprogramm durchlaufen. Das macht die Mühe, aber auch den Reiz der Bibelwissenschaft aus.

Das *Wissen*, das die exegetische Handwerkskunst fordert und fördert, besteht darin, die Ziele und Techniken exegetischen Arbeitens zu kennen, aber vor allem auch das Neue Testament selbst in seiner Eigenart und Bedeutung wahrzunehmen. Das neutestamentliche Grundwissen wird in zahlreichen Büchern vermittelt[1]:

- Eine »*Einleitung*« in das Neue Testament orientiert über die Entstehungsverhältnisse, den Anlass, den Verfasser, die Adressaten, die Thematik und den Aufbau, aber auch über die Textgestalt und die Kanonisierung der neutestamentlichen Schriften.
- Eine »*Bibelkunde*« fasst in komprimierter Weise den Wissensstoff über das Neue Testament zusammen; sie gibt Aus-

kunft über den Inhalt, den Aufbau, die Gattung und die Themen der einzelnen Schriften.
- Eine »*Theologie*« des Neuen Testaments verschafft einen Überblick über die wesentlichen theologischen Aussagen der verschiedenen Texte und Autoren; zumeist stellt sie sich auch den Fragen nach dem entscheidend und verbindend Christlichen in den verschiedenen Zeugnissen des Neuen Testaments.
- Ein »*Kommentar*« geht Kapitel für Kapitel und Vers für Vers die neutestamentlichen Schriften entlang, um Schritt für Schritt ihren geschichtlichen Aussagesinn zu erschließen.
- Eine »*Hermeneutik*« des Neuen Testaments reflektiert über das Recht und die Grenzen, die Möglichkeiten, Schwierigkeiten und Kriterien der Schriftauslegung.
- Eine »*Geschichte*« des Urchristentums stellt den historischen Gang der Ereignisse in neutestamentlicher Zeit dar (die Entstehung der Jerusalemer Urgemeinde etwa oder die Entwicklung der paulinischen Mission). Von ganz eigener Bedeutung sind die Versuche, die historische »*Rückfrage nach Jesus*« zu beantworten, um die Konturen seines Wirkens und Leidens, seiner Sendung und seines Anspruchs nachzeichnen zu können.
- Eine schier unübersehbare Zahl von *Einzelstudien* befasst sich mit einzelnen Texten und Themen des Neuen Testaments, seiner Geschichte, seiner Umwelt und seiner Auslegung; nicht alle Arbeiten sind gut, aber viele stehen auf einem hohen Niveau und führen zu einer Vermehrung des exegetischen Wissens.

Das *Werkzeug* des Exegeten besteht in verlässlichen Textausgaben des Neuen (wie des Alten) Testaments, aber auch zeitgenössischer jüdischer, griechischer und römischer Literatur (sowie guten Übersetzungen). Wichtige Hilfsmittel sind[2]:
- *Wörterbücher*, die das Vokabular des Neuen Testaments und der zeitgenössischen Literatur erschließen;
- exegetisch-theologische *Lexika*, die den Gebrauch und die

Bedeutung bestimmter Termini durch das gesamte Neue Testament hindurch unter Berücksichtigung des Alten Testaments, der frühjüdischen Literatur und der griechisch-römischen Kultur erhellen;
- *Grammatiken,* welche die Eigenart des neutestamentlichen Griechisch erklären;
- *sprachliche Schlüssel,* in denen grammatikalische Konstruktionen und Formen erklärt sowie Übersetzungsvorschläge für schwierigere Termini und Wendungen gemacht werden;
- *Synopsen,* in denen die parallel laufenden Textsequenzen der Evangelien nebeneinander abgedruckt sind;
- *Konkordanzen,* die alle Stichwörter des Neuen Testaments oder einer anderen Schriftengruppe in ihrem Kontext belegen.

Die *Methoden* betreffen die »Technik« der Exegese. Ihre Beherrschung wird sich in dem Maße verbessern, wie die exegetische Erfahrung gewonnen, das exegetische Wissen gemehrt und die exegetischen Werkzeuge sinnvoll gebraucht werden. Umgekehrt bildet die methodisch einwandfreie Arbeit an den neutestamentlichen Texten die Grundlage sowohl für die Vergrößerung der exegetischen Erfahrung als auch für die Vermehrung exegetischen Wissens und die Verbesserung der exegetischen Werkzeuge.

1.3 Texte verstehen

Jede Methode muss dem Text angemessen sein, dessen Verstehen sie dienen soll. Das Neue Testament ist ein Text-Buch, aber eines mit starken Besonderheiten. Weil es ein Text-Buch ist, müssen in der neutestamentlichen Exegese die allgemeinen Regeln der Philologie Anwendung finden; weil es aber ein Text-Buch wie kein zweites ist, bekommen diese Regeln ein besonderes Gewicht.

Erstens: *Das Neue Testament ist eine Sammlung literarischer Texte.*

Wie das Alte Testament besteht das Neue Testament aus einer Vielzahl verschiedener Texte, die zu unterschiedlichen Zeiten entstanden und langsam zusammengewachsen sind. Allerdings ist nicht nur der Umfang weit geringer, sondern auch der Zeitraum der Entstehung viel kleiner als beim Alten Testament. Nicht 1072, sondern nur 313 Seiten hat das Neue Testament in der Standardausgabe der »Einheitsübersetzung«; nicht ein gutes Jahrtausend, sondern ein knappes Jahrhundert wird abgebildet. Aber in dieser Zeit hat Jesus von Nazareth so viel Eindruck gemacht, dass herausragende Texte in großer literarischer Vielfalt und mit enormer Wirkung entstanden sind: die vier Evangelien, die Apostelgeschichte, die Briefe des Paulus und anderer Apostel, die Offenbarung des Johannes. Sie setzen die mündliche Verkündigung des Evangeliums voraus und zielen wieder auf die lebendige Verkündigung in Wort und Tat, in Gottes- und in Nächstenliebe. Aber als schriftliche Zeugnisse haben sie doch einen bleibenden Wert: Sie schärfen die Erinnerung an Jesus; sie schaffen Verbindungen zwischen den Christen verschiedener Regionen und Generationen; sie bilden eine bleibende Orientierung für die Kirche in ihrer Lehre und Praxis.

Das Neue Testament ist – wie das Alte – nicht ein vom Himmel gefallenes Buch. Es ist – anders als der Koran nach der Lehre des Islam – auch nicht die Kopie eines Originals, das im Himmel aufgezeichnet wurde und aufbewahrt wird. Im Zeitraum etwa eines Jahrhunderts entstanden, ist es vielmehr von menschlichen Verfassern geschrieben worden, die sich in ihren Texten auch gar nicht verbergen, sondern deutlich genug zu erkennen geben (vgl. nur Lk 1,1–4; Apg 1,1; Röm 1,15; 15,15f). Es ist für bestimmte Adressaten geschrieben worden; teils werden sie direkt angesprochen (vgl. neben den Briefen z. B. Mk 13,14: »Der Leser verstehe!«), teils indirekt: dadurch dass ihnen ideale Leser vor Augen gestellt werden (z. B. Titus und Timotheus in den Pastoralbriefen). Und das Neue Testament ist eine Sammlung von Texten, die in ihrer Sprache, ihren Bildern und Begriffen, ihren Strukturen und Entstehungsgeschichten, ihren Kommunikationsformen und Wirkungen untrennbar mit der Literatur ihrer Zeit verbunden sind.

Die Exegese untersucht das Neue Testament als Text-Buch. Sie verwendet prinzipiell keine anderen Methoden als diejenigen, die auch bei anderen Texten, zumal solchen aus der Antike, angewendet werden. Philologische Schriftauslegung hat es im Judentum und im Christentum seit der Antike immer gegeben – immer so, wie es dem Problembewusstsein der jeweiligen Zeit entsprach. Das ist heute nicht anders.

Zweitens: *Das Neue Testament ist ein geschichtliches Dokument des frühen Christentums.*

Das Neue Testament ist – als Sammlung literarischer Texte – in all seinen Dimensionen durch und durch von der Geschichte seiner Entstehung geprägt: von den Menschen, die es geschrieben, gelesen und tradiert, von der Sprache, die sie gesprochen, vom Weltbild, das sie geteilt, von den Erfahrungen mit Jesus Christus, die sie gemacht haben. Das Neue Testament ist aber auch selbst eine wichtige historische Quelle. Zwar sind die neutestamentlichen Autoren alles andere als neutrale Zeitzeugen. Sie nehmen vielmehr entschieden den Standpunkt des Glaubens ein. Dennoch – oder deshalb – geben sie wichtige historische Auskünfte: nicht nur für die Frühgeschichte des Christentums und die spätantike Religionsgeschichte, die bereits als solche in jedem Handbuch der antiken Geschichte Erwähnung finden. Jesus, aber auch Petrus und Paulus sind Personen von weltgeschichtlichem Format, deren historisches Wirken im wesentlichen nur durch das Neue Testament dokumentiert ist. Die politische Geschichte Palästinas im 1. Jahrhundert lässt sich zwar aus einer ganzen Reihe jüdischer und römischer Quellen, aber nicht ohne starke Berücksichtigung des Neuen Testaments erschließen. Darüber hinaus dient das Neue Testament als wichtige Quelle der römischen Rechtsgeschichte, z. B. für die Kreuzesstrafe oder die Stellung des Hohen Rates im Verwaltungssystem der Prokuratur Judäa und der kaiserlichen Provinz Syrien. Schließlich ist das Neue Testament ein wichtiges Dokument der antiken Sozial- und Kulturgeschichte; wie Arme und Reiche, Sklaven und Freie, Männer und Frauen innerhalb wie außerhalb der Gemeinden zusammengelebt haben, ist selten so anschaulich und lebensnah beschrieben worden wie in den neutestamentlichen Schriften.

Drittens: *Das Neue Testament ist der zweite Teil der Heiligen Schrift.*

Das Neue Testament bildet zusammen mit dem Alten die Heilige Schrift der Christenheit, die Quelle und Richtschnur ihres Glaubens, ihrer Liebe und ihrer Hoffnung. Zwar ist keine neutestamentliche Schrift mit dem Anspruch entstanden, tausende Jahre später als »Wort des lebendigen Gottes« in der Liturgie der Kirche verkündet und in Konzilien zitiert zu werden. Aber der Anspruch der Evangelien, den wahren Jesus zu zeigen, und des Apostels Paulus, in seinen Briefen gültig den Glauben zu verkünden, darf nicht unterschätzt werden. Die Geschichte der neutestamentlichen Kanon-Bildung[3] beginnt mit der Abfassung der Texte und deren Rezeption älterer Traditionen; sie setzt sich fort im (gottesdienstlichen) Lesen (vgl. Offb 1,3; 1Thess 5,27), im Austausch der Texte zwischen verschiedenen Gemeinden (vgl. Kol 4,16), im Bemühen um eine sachgerechte Exegese (vgl. 2Petr 3,14ff) und in ersten Sammlungen von Briefen und Evangelien. Zwar gibt es um einzelne Schriften Auseinandersetzungen. Im wesentlichen klärt sich gleichwohl schon während des zweiten Jahrhunderts (nicht ohne massive Konflikte), welche neutestamentlichen Schriften kanonischen Rang genießen und welche nicht.

Für das Textverständnis der Exegese ist dieser Kanonisierungsprozess von größter Wichtigkeit – nicht nur in wirkungsgeschichtlicher Hinsicht. Denn der bestimmende Ursprung der Kanonisierung liegt in der Prägung der neutestamentlichen Schriften durch das Heilshandeln Gottes in der Menschwerdung, im Wirken, im Tode und in der Auferweckung Jesu.

Nicht wenige neutestamentliche Autoren erheben explizit oder implizit den Anspruch, verbindlich das Evangelium zur Sprache zu bringen (vgl. Mk 1,1; Mt 1,1; Lk 1,1–4; Apg 1,1f; Joh 20,30f), den »Kanon« des Glaubens zu definieren (Gal 6,16), verheerende Fehldeutungen richtig zu stellen (2Thess 2,1–12) und kraft des Geistes in der Autorität Gottes (1Thess 2,13) resp. Jesu Christi (Offb 1,1; 2Kor 5,18ff) zu sprechen. Was sich in der Geschichte der neutestamentlichen Kanon-Bildung ereignet, ist die Bejahung des theologischen Anspruchs, den die neutestamentlichen Schriften erheben, die Wahrnehmung der theologischen Bedeutung, die ihnen der Sache nach zukommt, die Wertschätzung und institutionelle Absicherung ihrer theologischen Leistung, die Pflege ihres theologischen Erbes, aber auch die Sicherung ihres vielstimmigen Glaubens-Zeugnisses gegenüber häretischen Verkürzungen und synkretistischen Vermischungen.

Das *theologische* Verständnis des Neuen Testaments als zweiter Teil der Heiligen Schrift ist häufig als Gegensatz zu seinem literarischen und historischen Verständnis als Sammlung von Texten geschichtlicher Glaubenserfahrungen gesehen worden. Dieser Gegensatz ist künstlich.[4] Es kennzeichnet das biblisch-christliche Verständnis der Offenbarung und der Inspiration, dass Gott – mit AUGUSTINUS (354–430) zu reden[5] – »durch Menschen nach Menschenart spricht, weil er, indem er so redet, uns sucht«. Die »Heiligkeit« der neutestamentlichen Schrift ist demnach gerade nicht jenseits ihrer literarischen und historischen Dimensionen, sondern *in* ihnen zu finden. Das theologische Schriftverständnis kann also historisches und philologisches Forschen in keiner Weise behindern, sondern muss es in jeder Weise fördern. Folglich kann gerade nicht der Verzicht auf wissenschaftliche Kritik, sondern nur die Forcierung des Bibelstudiums nach allen Regeln der Kunst das *theologische* Schriftverständnis fördern.

1.4 Aufgaben lösen

Gegenwärtig sind es vor allem drei Aufgaben, die der Exegese gestellt werden: die Analyse der Texte, ihre Interpretation und die Rekonstruktion der geschichtlichen Fakten.

Erstens: *Der Exegese ist aufgegeben, die neutestamentlichen Texte zu analysieren, d. h. ihren genauen Wortlaut, ihren Anlass, ihr historisches, kulturelles und religionsgeschichtliches Umfeld, ihren Kontext, ihre sprachliche Form und ihre Entstehungsgeschichte zu eruieren.*

Die Basis aller exegetischen Arbeit ist der überlieferte Text der neutestamentlichen Bücher; das A und O der Exegese bleibt die exakte Analyse dieser Texte nach allen Regeln der philologischen Kunst. Zwar bilden in einer gelungenen Studie Analyse und Interpretation resp. Rekonstruktion eine organische Einheit. Aber der Weg geht von der Analyse des Textes zur Auslegung und zur historischen Beurteilung. Nur gelegentlich und nur vorsichtig können exegetisch-historische Interpretationen und Rekonstruktionen auch die Analyse beeinflussen, freilich nicht die Beobachtungen selbst, sondern allenfalls deren Bewertungen.

Zweitens: *Der Exegese ist aufgegeben, die neutestamentlichen Texte zu interpretieren, d. h. sie aus ihren eigenen geschichtlichen, kulturellen, sozialen und theologischen Voraussetzungen heraus zu erklären und zu verstehen, den Aussagewillen ihres Verfassers zu erkunden, nach Möglichkeit aber auch ihre Aufnahme bei den ursprünglichen Lesern und ihre Wirkung im biblischen Traditionsraum.*

Die zentrale philologische und theologische Aufgabe der Exegese ist die Interpretation der neutestamentlichen Texte. Sie vermittelt in die gesamte Theologie und in die Lebensvollzüge der Kirche hinein jenes Wissen von den ursprünglichen Glaubenserfahrungen, deren schriftlicher Niederschlag den (neutestamentlichen) Kanon bildet. Die exegetische Interpretation stellt die Vielfalt neutestamentlicher Theologien so ins Licht, dass eine Fülle von Anknüpfungspunkten für das gegenwärtige Glaubensleben sichtbar werden, allerdings auch viele Kritikpunkte am kirchlichen Glaubensleben (wie an der theologischen Reflexionsarbeit).

Vorausgesetzt ist eine exakte Analyse; notwendig ist ebenso eine hinreichend genaue Kenntnis der geschichtlichen Rahmenbedingungen und Entwicklungen in der neutestamentlichen Ära. Das Ziel der exegetischen Interpretation besteht darin, auf der Basis der Analyse und im historischen Kontext der urchristlichen Zeit die Aussage der neutestamentlichen Texte zu erheben. Es geht nicht eigentlich um die aktuelle Bedeutung, wie sie sich im Dialog zwischen dem Text und jenen heutigen Lesern erschließt, die nach der Relevanz des Neuen Testaments für ihr Leben fragen; es geht auch nicht speziell um jene Bedeutungen, wie sie einem Text im Laufe seiner Auslegungsgeschichte beigemessen worden sind. Beides ist auch für die Exegese nicht unwichtig. Aber ihr Streben gilt dem *geschichtlichen* Sinn der neutestamentlichen Texte, wie er sich im Dialog zwischen dem Autor und seinen Adressaten entfaltet hat. Früher hat sich die Exegese häufig darauf konzentriert, die jeweils älteste Fassung eines Textes zu interpretieren, die zu rekonstruieren war. Das wäre eine Engführung. Die Aufmerksamkeit hat vielmehr gleichermaßen und gleichberechtigt allen Redaktionsschichten und Rezeptionsprozessen innerhalb des neutestamentlichen Zeitraumes zu gelten: von den frühesten Überlieferungsstufen bis zur kanonischen Endgestalt.

Mit der Konzentration auf den »Ursprungssinn« ist nicht in Abrede gestellt, dass die neutestamentlichen Texte ein Sinnpotential haben, das weit über den Horizont ihrer Entstehungszeit hinausträgt. Es ist auch nicht behauptet, dass es prinzipiell nur *eine* richtige exegetische Interpretation gäbe. Aber es ist zum einen festgehalten, dass der Blick auf die häufig faszinierende und manchmal irritierende Wirkungsgeschichte nicht den Blick von der geschichtlichen Grundbedeutung der

Texte abziehen darf und dass im Kontext *theologischer* Exegese, die immer auch nach der Normativität der Schrift fragt, die Vergewisserung über den Ursprungssinn sogar kriterielle Funktion hat. Zum anderen ist festgehalten, dass die Auslegung, gerade weil es um die Heilige Schrift geht, nicht der Beliebigkeit anheimfallen darf, sondern darauf gerichtet sein muss, das Spektrum *möglicher* Deutungen zu bestimmen und in diesem Spektrum den *wahrscheinlichen* Aussagesinn nach bestem Wissen und Gewissen zu beschreiben.

Drittens: *Der Exegese ist aufgegeben, das historische Geschehen zu rekonstruieren, das von den neutestamentlichen Texten vorausgesetzt oder beschrieben wird: sowohl die Geschichte Jesu von Nazareth als auch die Geschichte des frühen Christentums.*

Teilweise im Grenzbereich zur Kirchengeschichte liegt die historische Aufgabe der neutestamentlichen Exegese. Die Geschichte der Urgemeinde ist das erste Kapitel der Kirchengeschichte. Es steht allerdings nicht einfach am Anfang einer langen Ereignisfolge, sondern beschreibt jene Ursprungs-Zeit, in der sich auf der Basis des »Alten Testaments« die grundlegenden Zeugnisse des christlichen Glaubens herausgebildet haben. Über die Geschichte der ersten Christen hinaus ist aber auch die Geschichte Jesu und die Geschichte des Osterereignisses Gegenstand exegetischer Arbeit. Ziel ist es, eine möglichst plastische und präzise Vorstellung vom Wirken Jesu, aber auch von seiner Einstellung zu seinem Leiden zu gewinnen – ohne alle Übermalungen und nachträglichen Stilisierungen. Ziel historischen Arbeitens ist es jedoch ebenso, das Auferweckungsgeschehen von seiner historischen Seite her zu beschreiben, von der Frage nach dem »leeren Grab« bis zur Art und Weise der »Erscheinungen« Jesu.

Die theologischen Erwartungen sind groß. Umso wichtiger ist eine historische Urteilsbildung, die *sine ira et studio* erfolgt: auf der Basis einer genauen Text-Analyse, ohne Liebäugelei mit theologischen Leitideen und streng nach den Regeln der Geschichtswissenschaft. Die neutestamentlichen

Texte werden als historische Quellen untersucht. Darin haben sie prinzipiell keinen Vorrang gegenüber anderen Quellen-Texten – unabhängig davon, ob sie von Juden und Christen oder von Griechen und Römern stammen. Gleichberechtigt mit den textlichen Zeugnissen müssen aber auch archäologische Forschungen ausgewertet werden.

Die Aufgabe der historischen Rekonstruktion ist mit der Analyse und Interpretation eng verbunden. Einerseits setzt die Beurteilung des Quellenwertes eines neutestamentlichen Textes eine exakte philologische Analyse, nicht zuletzt der Gattung, voraus. (Eine Legende ist anders zu untersuchen als ein Bericht, eine prophetische Vision anders als ein Glaubensbekenntnis.) Andererseits ist eine Situationsanalyse nicht ohne historische Studien zu betreiben. Die Aussage eines Textes, die Intention eines Verfassers, die Rezeption durch einen Leser lässt sich in wichtigen Aspekten nur dann erfassen, wenn der historische Kontext bekannt ist (z. B. die Zerstörung Jerusalems oder die Sozialstruktur einer griechischen Polis). Mehr noch: Die genaue Rekonstruktion der Geschichte Jesu Christi ist aus sich selbst heraus theologisch relevant – wenn anders die Menschwerdung des Gottessohnes ein »dogmatisches« Faktum ersten Ranges ist und die Auferweckung das geschichtliche Wirken Jesu gerade nicht dem Vergessen überantwortet, sondern ständig neu in Erinnerung ruft. Umgekehrt ist das Geschichtsbild, das ein Autor, eine Leserschaft, ein Text zeichnen, nicht nur selbst ein Gegenstand historischer Forschung, sondern seinerseits aufschlussreich für die historische Rückfrage.

2 Die Übersetzung des Neuen Testaments

Die Übersetzung der Bibel hat eine lange und reiche Tradition. Kein Buch ist häufiger und in mehr Sprachen übersetzt worden als die Bibel. Das erste große Übersetzungsprojekt der Geistesgeschichte überhaupt war die Übertragung der Hebräischen Bibel ins Griechische der Septuaginta.

Jede Übersetzung ist Interpretation. Wortschatz, Grammatik, Stil usw. sind nicht in zwei Sprachen identisch. Da es keine Übertragung im Maßstab 1:1 geben kann, spiegelt jede Übersetzung immer auch die Sprach- und Sinnwelt des Übersetzers und seines Kulturkreises wider. Die Gefahr der Verfälschung ist groß. Die Kehrseite: Jede Übersetzung bietet die Möglichkeit, nicht nur die Ausgangs-, sondern auch die Zielsprache besser kennen zu lernen und gar zu bereichern. (Die Septuaginta, aber auch die Luther-Bibel liefern eine ganze Reihe von Beispielen.)

In der unaufhebbaren Spannung zwischen Ausgangs- und Zielsprache ist begründet, dass es nie nur *die eine* gültige Übersetzung geben kann, sondern immer eine Vielzahl von Übertragungen geben wird und geben muss. Das hängt an der genuinen Aufgabe des Dolmetschens: den Text aus einer anderen Sprache, einer anderen Zeit, einer anderen Kultur seinem Buchstaben und seinem Geist nach neuen Adressaten zu erschließen. Deshalb kommt es zu verschiedenen Zeiten und in verschiedenen Kulturräumen (einschließlich der christlichen Konfessionen) zu verschiedenen Übersetzungen, ebenso bei verschiedenen Übersetzern und nicht zuletzt bei verschiedenen Adressaten. Ob eine Bibelübersetzung Menschen erreichen soll, denen die Heilige Schrift fremd geworden ist, oder ob sie für den akademischen Unterricht taugen soll, ob sie für die Lesung im Gottesdienst oder für die private Andacht gedacht ist, macht einen erheblichen Unterschied aus und wird sich in verschiedenen Übersetzungen widerspiegeln.

Für den Gebrauch im Gottesdienst ist es ganz gewiss von großem Vorteil, sich auf *eine* (möglichst ökumenische) Übersetzung zu verständigen und sie auch über Generationen hinweg nur moderat zu verändern; denn allein so kann über die Sprache der Bibel eine Beheimatung im Glauben entstehen (wie dies die Luther-Bibel über Generationen hinweg geleistet hat), nur so kann auch über zeitliche, räumliche und kirchliche Grenzen hinaus die Gemeinschaft im Glauben ihren Ausdruck finden. Es muss hohe Wiedererkennungseffekte geben und für alle Gemeindemitglieder die Möglichkeit eines aktiven Hörens, das zum Verstehen und Einverständnis wird (»Wort des lebendigen Gottes« – »Dank sei Gott«; »Evangelium unseres Herrn Jesus Christus« – »Lob sei dir, Christus«). Für den persönlichen Gebrauch und die Bibelarbeit in kleinen Gruppen hingegen können verschiedene Übersetzungen durchaus hilfreich sein. Die Verschiedenartigkeit demonstriert, dass es sich nicht um das Original, sondern um interpretierende Übertragungen handelt; wenn die Übersetzungen gut sind, zeigen sie gerade im Vergleich auch ihre Verlässlichkeit, insofern sie – bei allen Abweichungen im Detail – den Grundduktus des originalen Textes ähnlich wiedergeben. Gleichzeitig machen die Abweichungen aber nicht nur auf tatsächlich bestehende Übersetzungsschwierigkeiten aufmerksam, sondern stellen gleichzeitig ein Spektrum verschiedener Interpretationsmöglichkeiten vor, das zwar gelegentlich zur Verwirrung, bei guter Anleitung aber zur Bereicherung der Bibelarbeit führen kann.

In der Übersetzungswissenschaft[6] hat sich eine zwar grobe, aber hilfreiche Typisierung eingebürgert. Danach gibt es zwei Grundformen:

- Die *formal-äquivalente Übersetzung* will dem Wortgebrauch und Satzbau der Ursprache möglichst nahe kommen, bis an die Grenze der Verständlichkeit in der Zielsprache (z. B. im »Münchener Neuen Testament«). Eine Extremform, die in den europäischen Sprachen am Anfang der Bibelübersetzungen überhaupt steht, sind die »Interlinearversionen«, die zwischen die Zeilen des Ursprungstextes jeweils Wort für Wort das lexikographische Äquivalent stellen, ohne Rücksicht auf den Duktus der Zielsprache[7].
- Die *funktional-äquivalente Übersetzung* hingegen will in der Zielsprache im wesentlichen dieselben Effekte wie in der Ausgangssprache erreichen. Sie ist deshalb häufig recht frei und mehr an Verständlichkeit und Eingängigkeit als an wörtlicher Treue zum Urtext orientiert.

Einführung

Die meisten der gängigen Bibelübersetzungen, darunter alle großen konfessionellen (Zürcher Bibel, Luther-Bibel, Einheitsübersetzung) suchen einen Mittelweg: Möglichst große Verständlichkeit, Ausdruckskraft und Prägnanz in der Zielsprache wird mit möglichst großer Treue zum Urtext verbunden. Selbstverständlich geht dies nicht ohne zahlreiche Kompromisse und ein immer neues Ausloten der jeweils besten Möglichkeit – mit häufig kritikwürdigem Ergebnis, wie allerdings jeder nachempfinden kann, der sich selbst einmal an die schwierige Aufgabe der Übersetzung gemacht hat. (Von den objektiven Schwierigkeiten jeder Übersetzung handelt bereits das griechische Vorwort zum Buch Jesus Sirach.)

Wer über die nötigen Sprachkenntnisse verfügt, wird am besten zunächst eine Arbeitsübersetzung anfertigen, die möglichst nahe beim Bibeltext liegt. Vokabular und Syntax des Griechischen sollten im Deutschen durchscheinen. Es geht dabei freilich nur um die Erschließung eines ersten, vorläufigen Textverständnisses. Wenn hingegen im Zuge der weiteren Analyse und Interpretation ein fundiertes Text-Verständnis gewachsen ist, kann davon die Übersetzung nicht unberührt bleiben: Sie wird so modelliert, dass ein grammatikalisch korrekter, lesbarer und verständlicher deutscher Text entsteht, der aber – für die Zwecke des exegetischen Studiums – so nahe beim griechischen Text bleibt, wie dies nur irgend möglich ist.

Wer nicht über die nötigen Sprachkenntnisse verfügt und sich auch nicht mit einer Interlinearversion oder einem sprachlichen Schlüssel zum Neuen Testament behelfen kann, ist auf vorhandene Übersetzungen angewiesen. Die Konsultation verschiedener Übertragungen kann das Urteilsvermögen für die exegetische Problematik der Texte schärfen. Gut bedient ist man meist mit den Übersetzungen der wissenschaftlichen Kommentare: weil dort in der Regel die Nähe zum Ursprungstext ohne den Verzicht auf Verständlichkeit dominiert und weil sich häufig Anmerkungen und Erläuterungen zu den Übersetzungen finden, die den Interpretationsvorgang transparent machen.

Die Übersetzung steht am Beginn und am Ende der exegetischen Arbeit: am Beginn, weil sie ein erstes Textverständnis erschließt; am Ende, weil alle Kunst der Analyse, der Interpretation und der Rekonstruktion in eine gute, ausgefeilte, text- und situationsgerechte Übertragung einmündet.

Analyse

Orientierung

Die Textanalyse nach allen Regeln philologischer Kunst ist die Nagelprobe jeder Schriftauslegung: So wenig die Exegese bei Detailbeobachtungen stehen bleiben darf, so sehr können doch alle literarischen, theologischen und historischen Urteile, die sie fällt, nur auf genauen Beobachtungen am Text beruhen.

Das Methodenspektrum der Textanalyse, das die Exegese verwendet, ist im Lauf der Zeit gewachsen. Es hat sich im Gespräch mit den wissenschaftlichen Nachbardisziplinen entwickelt und verändert. Auch seine gegenwärtige Gestalt zeigt die Spuren seines Werdens. Ihrer Geschichte verdankt die Exegese die Möglichkeit, einerseits historisch-philologische Wissenschaft zu sein, andererseits aber Teil der den kirchlichen Glauben reflektierenden Theologie.

Geschichte und Gegenwart

In der Antike wurden jüdische und christliche Exegeten von den Methoden und Perspektiven der allegorischen Schriftauslegung beeinflusst. Diese war in der philosophischen Auseinandersetzung mit Homer-Texten entstanden, hatte in der hellenistisch-jüdischen Auslegung des Alten Testaments Verwendung gefunden und gelangte auf diesem Wege zu den christlichen Theologen. Grundidee war, dass der Sinn eines als maßgeblich (»kanonisch«) betrachteten Textes sich nicht schon im offen zutage liegenden Sinn der Textoberfläche erschöpfe, sondern für den Kundigen – ausgehend vom buchstäblichen Wortsinn – als geistiger Schriftsinn in der Tiefe des Textes zu finden sei. Für die antiken und mittelalterlichen Theologen steckt der – auf der ganzen Heiligen Schrift beruhende – Glaube der Kirche den Rahmen ab, in dem die Suche nach diesem tieferen Sinn sich bewegt. Dies ändert sich seit dem 17. Jahrhundert mit der radikalen Kritik jeder Offenbarung und mit der Anwendung des historischen Denkens auf die biblischen Schriften grundlegend. In der Moderne bricht ein Gegensatz auf zwischen dem Verständnis der Bibel als Urkunde kirchlichen Glaubens und ihrem Verständnis als Dokument einer vergangenen Geschichte.

Damit ist die Aufgabe neu gestellt, zu klären, in welchem Verhältnis historisch-philologische und theologische Arbeit zueinander stehen. Für den Raum der katholischen Theologie bietet ein erneuertes Offenbarungsverständnis, das vor allem in der Theologie des II. Vatikanischen Konzils gewonnen wurde, eine grundsätzliche Weichenstellung, die starke ökumenische Gemeinsamkeiten begründet. Wenn »Offenbarung« als geschichtliche Selbstmitteilung Gottes verstanden wird, ist der Weg gewiesen, die Bibel als das Zeugnis dieser geschichtlich vermittelten Offenbarung – und damit auch: historisch – betrachten zu können, um auf diese Weise theologisch zu sein.[8] Dem entspricht auf Seiten der Philologie und der Geschichtswissenschaft eine Abkehr von antitheologischen Vorbehalten, wie sie im 19. Jh. üblich waren, im 20. Jh. jedoch durch die Kritik totalitären Denkens auf breiter Front in Frage gestellt worden sind.

Die gegenwärtige Situation der neutestamentlichen Exegese ist einerseits durch den Ausbau und die Verfeinerung des historischen Instrumentariums (Religionsgeschichte, antike Literaturgeschichte, Sozialgeschichte, Kulturanthropologie, Archäologie) bestimmt. Andererseits ist eine neue Aufmerksamkeit für den biblischen (End-)Text und eine kanonische Interpretation zu beobachten. Die sorgfältige Analyse des Textes war und ist immer Ausgangspunkt der Arbeit. Im Gespräch mit der Sprach- und Literaturwissenschaft sowie der Philosophie ist die Exegese jedoch auch sensibel geworden für die Fragen, wie ein Text Sinn macht und was beim Lesen und Verstehen von Texten abläuft.

Syntax, Semantik, Pragmatik – Synchronie und Diachronie

Wesentliche Dimensionen des Textes, die in der Analyse erschlossen (und in der Interpretation ausgewertet) werden sollen, sind
1. seine Syntax, d. h. seine sprachliche Form,
2. seine Semantik, d. h. seine (ursprüngliche) Bedeutung,
3. seine Pragmatik, d. h. seine intendierte und faktische Wirkung.

Alle drei Dimensionen lassen sich unterscheiden, so dass manche neueren Methodenbücher sich von ihnen ihre Gliederung vorgeben lassen. Geht man jedoch nicht von der Texttheorie, sondern von Texten selbst aus, zeigt sich, dass sie eng miteinander verbunden sind und sich vielfältig überlagern. Deshalb werden in diesem Methodenbuch Syntax, Semantik und Pragmatik nicht nacheinander, sondern in einem differenzierten Miteinander unter den Fragestellungen erschlossen, die sich im Zuge der methodischen Textarbeit ergeben. Dadurch kann die Exegese besser verschiedene Methoden integrieren.

Ältere Methodenbücher sind von einem Primat der Diachronie geprägt. Das Interesse richtete sich vor allem auf die Vorstufen des überlieferten Bibeltextes. Deshalb standen Verfahren, Tradition und Redaktion zu unterscheiden, an der Spitze des Methodenensembles. Die weithin akzeptierten Theorien zur Entstehung der Evangelien wären ohne diachronische Exegese nicht möglich.

Heute hingegen sieht man eher einen Primat der Synchronie. Es herrscht größere Skepsis gegenüber riskanten Rekonstruktionen älterer Text-Versionen. Das Interesse gilt nicht mehr nur der jeweils ältesten Überlieferungsgestalt, sondern mindestens ebenso dem gewordenen Bibeltext in seiner kanonischen Endgestalt. Die synchronische Exegese hat ein starkes Gespür für die Strukturen der Texte (ihr »Gewebe«) entwickelt und z. B. die literarische Form der Evangelien präzise beschrieben. Eine besondere Form synchronischer ist die »kanonische« Exegese, die nicht nur bei einzelnen Schriften sich auf die Endgestalt bezieht, sondern das Neue Testament als Ganzes – zusammen mit dem vorhergehenden Alten Testament – als Untersuchungsgegenstand betrachtet und dann z. B. stark an der Stellung einzelner Bücher im Ganzen der Bibel interessiert ist.

Manchmal führt heute die Betonung der Synchronie oder der »kanonischen Exegese« zu einer Vernachlässigung der historisch-genetischen Fragen. Die Diachronie muss und wird aber ihr Recht in der Exegese behalten, die sich auch mit der Entstehungsgeschichte der Bibel befasst. Allerdings ist es ratsam, beim überlieferten, kanonisch gewordenen Endtext anzufangen und auch zu ihm wieder hinzuführen.

Synchronie und Diachronie sind in diesem Methodenbuch prinzipiell gleichberechtigt. Es sieht auch keinen Gegensatz zwischen einer »historisch-kritischen« resp. literaturwissenschaftlichen und einer »kanonischen« Exegese, sondern zielt auf eine intensive Kooperation. Worauf der Schwerpunkt in einer konkreten exegetischen Arbeit liegt, hängt immer – erstens – vom Text und – zweitens – von der Fragestellung ab.

Die Auswahl und Abfolge der methodischen Schritte

Welche Schritte der Analyse gemacht werden müssen und in welcher Reihenfolge, hängt von den Texten ab, die bearbeitet, und von den Fragen, die beantwortet werden. Prinzipiell scheint es der heutigen Exegese günstig, von den vorliegenden Texten auszugehen und nicht von erst noch zu eruierenden Vorstufen, die immer mit einer gewissen Unsicherheit behaftet sein werden (Primat der Synchronie vor der Diachronie). Ebenso ist es herrschende Ansicht, die Texte in ihrem historischen Kontext (und nicht rein immanent) zu analysieren und zu interpretieren. Es gibt zwar alternative Methoden, die den geschichtlichen Bezugsrahmen überspringen und gleich die Eindrücke bei (modernen) Lesern untersuchen. Doch bleibt der Exegese die Aufgabe eines historischen Textverstehens gestellt.

Erster Schritt ist die Sicherung des Textes in seinem genauen Wortlaut (Textkritik). Ob dieser Schritt in einer exegetischen Arbeit eigens durchgeführt werden muss, hängt vom zu bearbeitenden Text ab. Meist reicht eine kritische Kontrolle des »Nestle-Aland«.

Bei Texten (besonders aus der Briefliteratur), die einen besonderen Anlass haben, ist es ratsam, als zweiten Schritt die Entstehungssituation zu untersuchen (Situationsanalyse). Bei vielen Evangelienperikopen führt dies jedoch nur zu begrenzten Resultaten, so gewiss jedes Evangelium deutlich die Spuren seiner Entstehung an sich trägt. Ähnlich liegt der Fall bei der Apostelgeschichte. Man braucht Kenntnisse über die Entstehungsbedingungen (wie sie in »Einleitungen« zum Neuen Testament vermittelt werden); aber wie stark sie die Einzelexegese beeinflussen, ist von Fall zu Fall unterschiedlich.

Die weitere Abfolge der Methodenschritte hängt stark von der Fragestellung ab. Richtet sich das Interesse auf den vorliegenden Text, folgt als nächster Schritt die Kontextanalyse, bevor der Textausschnitt selbst in seiner Form und Gattung untersucht wird (Form- und Gattungsanalyse). Die Einbeziehung diachronischer Fragestellungen (Traditions- und Redaktionsanalyse) dient dann abstützend dazu, den vorliegenden Text in seinem Gewordensein zu erkennen.

Richtet sich das Interesse auf Vorformen der biblischen Texte, muss hingegen die diachronische Analyse vorgezogen werden. Am Anfang steht dann – nach der Textkritik – die Traditionsanalyse; sie soll erst dazu führen, eine ältere Überlieferungsstufe zu eruieren. Wenn dies gelungen ist, können ggf. die Situations- und Kontext-, immer aber die Form- und Gattungsanalyse auf diese Vorstufe des Bibeltextes angewendet werden. Die Redaktionsanalyse bereitet dann den Weg, die Rezeption der älteren Fassung im innerbiblischen Traditionsprozess zu erkennen.

Besonderes Augenmerk muss – auf jeder Überlieferungsstufe – der Einzelerklärung des Textes dienen. Sie kann direkt in die Interpretation integriert (wie es meist in Kommentaren geschieht), muss dann aber gleichfalls methodisch gekonnt vorgenommen werden. Manchmal ist aber angezeigt, wichtige Aspekte eigens im Voraus zu betrachten. Es lassen sich (trotz mancherlei Überschneidung) unterscheiden

- die Erklärung von Realien: geographische, historische, soziale, rechtliche, kulturelle Fakten (Sachanalyse),
- die Erklärung von Wörtern, Sätzen und Texteinheiten, die in ihrer theologischen Bedeutung besonders geprägt sind (Motivanalyse).

Eine schematische Text-Analyse bleibt steril; aber eine Exegese, die sich nicht über ein breites Spektrum möglicher Analyse-Verfahren im Klaren ist, um bei einem gegebenen Text alle *relevanten* Methoden – und nur sie – konsequent zu nutzen, steht auf tönernen Füßen. Die Kunst der Exegese besteht nicht zuletzt im souveränen und disziplinierten Gebrauch der Methoden, in der gezielten Auswahl aus der breiten Palette möglicher Analyse-Verfahren und in ihrer entschlossenen, aber immer auch selbstkritischen Verbindung zu einer Gesamt-Untersuchung. Diese Kunst kann erst im Laufe der Zeit erworben werden; eine gute methodische Schulung ist der beste Weg.

Analyse

1 Textkritik

1.1 Die Aufgabe

Die Exegese ist auf zuverlässige Texte angewiesen.[9] Die Originalschriften des Neuen Testaments sind aber schon früh verloren gegangen. Von keinem einzigen der biblischen Bücher und der in sie eingearbeiteten älteren Texte ist ein Autograph erhalten (freilich auch von keinem klassischen und patristischen Werk). Dafür gibt es viele Gründe: Der Überlieferungszeitraum ist lang, die Benutzung intensiv, die Zahl der Abschriften groß, das älteste Schreibmaterial (Papyrus) fragil, die Zeit zwischen der Entstehung und der gezielten Sammlung der Schriften nicht eben kurz.

Während man sich bei den meisten antiken Texten mit nur einigen wenigen Abschriften begnügen muss, die zudem häufig sehr spät sind, gibt es beim Neuen Testament eine sehr große Zahl verschiedener Handschriften.[10] Die älteste derzeit bekannte Urkunde ist ein nur handtellergroßer Papyrusschnipsel (P^{52}); er enthält Joh 18,31–33.37f und wird in die erste Hälfte des 2. Jh. datiert. Die Zahl der Funde wächst ständig. Zum Vergleich:

1969:	*2005:*
81 Papyri	118 Papyri
267 Majuskeln	318 Majuskeln
2768 Minuskeln	2878 Minuskeln
2146 Lektionare	2434 Lektionare

Ist also das Neue Testament, was die Vielfalt der Handschriften-Überlieferung betrifft, sehr gut bezeugt, so differiert der Wortlaut der Handschriften z.T. erheblich. Während das textkritische Problem der allermeisten antiken Schriften in der Spärlichkeit der Handschriftenüberlieferung liegt, besteht es beim Neuen Testament in deren Vielzahl und Vielfalt mit einer entsprechend großen Zahl von kleineren und größeren Abweichungen.[11] Die weitaus meisten Varianten sind wenig spektakulär (Verschreibungen, Wortverdrehungen, Satzumstellungen etc.), einige sind allerdings von größerer Bedeutung für die literarische Gestalt und die theologische Aussage der Schriften.

Die wesentliche Ursache für die Abweichungen in der Textbezeugung sind Schreib- und Hörversehen, die beim immer neuen (Diktieren und) Abschreiben entstehen und später weiter verbreitet werden. Überdies wird der Wortlaut der neutestamentlichen Schriften lange Zeit nicht in dem Sinn als »heiliger Text« angesehen, dass prinzipiell kein einziger Buchstabe und kein einziges Wort hätte verändert werden dürfen. Vielmehr nimmt man sich hier und da die Freiheit, unverständlich klingende oder »unmodern« wirkende Wörter und Wendungen zu »verbessern«, um den Schrift-Text den Christengemeinden auf diese Weise näher bringen zu können. Ab dem 4. Jahrhundert, nach der sog. Konstantinischen Wende, durch die das Christentum zu einer staatlich anerkannten und privilegierten Religion wird, bilden sich gewisse Schulen aus, die zwar die Textüberlieferung in bestimmte Bahnen lenken, aber auch bereits entstandene Fehler forttragen und zudem immer noch eine beachtliche Variationsbreite der Textbezeugung zulassen.

Die Textkritik hat die Aufgabe, aus der Vielzahl im Wortlaut differierender Handschriften den Text zu rekonstruieren, der ihnen allen letztlich zugrunde liegt. Im Idealfall (der annäherungsweise erreicht werden kann) ist dies der ursprüngliche Text der im Neuen Testament gesammelten Schriften, so wie sie von ihren Autoren verfasst und ggf. von den Redaktoren gestaltet worden sind. Faktisch ist es der Text des Neuen Testaments, so wie er in den ersten Jahrzehnten des 2. Jahrhunderts vorliegt.

1.2 Das methodische Verfahren

Um den ursprünglichen Text einer neutestamentlichen Schrift zu bestimmen und Varianten der Textüberlieferung zu erklären, geht die Textkritik bei der Benutzung wissenschaftlicher (»historisch-kritischer«) Bibelausgaben in zwei Schritten vor.

Analyse

Erstens Aufnahme des Befundes:
- *Welche Lesart wird durch welche Handschrift(en) bezeugt?*
- *Welche Sprache und welches Alter hat die Handschrift?*
- *Handelt es sich um eine Bibel-Handschrift, ein Lektionar oder um ein Zitat aus den Kirchenvätern?* (s. u. Abschnitt 1.3)
- *Zu welcher »Textform« gehört die Handschrift?* (s. u. Abschnitt 1.4)

Zweitens textkritische Entscheidung:

Für die Entscheidung, welche der überlieferten Lesarten ursprünglich ist und welche Varianten sind, müssen zehn Grundregeln beachtet werden (die in der gesamten Philologie gelten):

1. Nur *eine* Lesart kann ursprünglich sein.
2. Als ursprünglich ist eine Lesart gesichert, wenn bei ihr äußere Kriterien (Bezeugung; Kategorisierung) und innere Kriterien (Kontextgemäßheit) zusammentreffen. (Wo beides nicht konform geht, sind weitere Regeln in Anschlag zu bringen.) Innere Kriterien allein können keine textkritische Entscheidung begründen.
3. Die Handschriften sind zu wägen, nicht nur zu zählen.
4. Die griechische Textüberlieferung – in der Reihenfolge »früher«, alexandrinischer (ägyptischer), »westlicher«, byzantinischer Text – muss die Basis der textkritischen Entscheidung bilden; Übersetzungen, Kirchenväterzitate und Lektionare haben allerdings ergänzende Bedeutung.[12] Grundsätzlich muss bedacht werden, dass auch im allgemeinen als schlechter eingeschätzte Textformen die richtige Lesart bieten können, wenn sie von guten alten Zeugen unterstützt werden.
5. Die schwierigere Lesart *(lectio difficilior)*, jene, die mehr Kopfzerbrechen bereitet, ist in der Regel die frühere *(lectio potior)* – wenn sie nicht unsinnig ist.
6. Die kürzere Lesart *(lectio brevior)* ist in vielen Fällen die ursprüngliche.
7. Die sprachlich härtere ist eher als die sprachlich glattere Lesart die ursprüngliche.

8. Aus der bevorzugten Lesart müssen sich die Abweichungen erklären lassen.
9. Konjekturen (erschlossene Lesarten ohne Beleg in der Textüberlieferung) sind nur das letzte Mittel der Textkritik.
10. Ein sicheres Urteil erlaubt erst die Häufung der Argumente.

1.3 Systematische Ordnung des Handschriften-Materials

Nach sachlichen Merkmalen werden die Handschriften (gemäß dem nicht ganz logischen System CASPAR RENÉ GREGORYS von 1908) folgendermaßen gruppiert[13]:

(1) Griechische Handschriften

(a) Papyri:
Sehr alte, meist bruchstückhaft erhaltene Textzeugen; Abkürzung: P mit Hochzahl (nicht in der Reihenfolge des Alters, sondern der Registrierung).

(b) Majuskeln:
In Großbuchstaben auf Pergament geschriebene Textzeugen, größere, auch zusammenhängende Teile des Alten und Neuen Testaments enthaltend; Abkürzung: arabische Zahl mit vorgesetzter »0«.
Wichtige Majuskeln sind:

א (01) »Sinaiticus« 4. Jh. vollständiges NT
A (02) »Alexandrinus« 5. Jh. NT ohne Mt 1–25; 2 Kor 4–12
B (03) »Vaticanus« 4. Jh. NT bis Hebr 9,14
C (04) »Codex Ephraemi rescriptus« 5. Jh. 5/7 des NT[14]
D (05) »Codex Bezae Cantabrigiensis« 5. Jh. Ev; Apg

(c) Minuskeln:
Jüngere Textzeugen (erst ca. ab dem 9. Jh. schrieb man das Neue Testament in den Kleinbuchstaben der neuen Kursivschrift); Abkürzung: arabische Zahlen (ohne vorgestellte »0«).

(d) Lektionare

(2) Alte Übersetzungen

(a) syrische
ab dem 3. (Handschriften ab dem 4.) Jh.; verschiedene Versionen: sy^s, sy^c, sy^p, sy^{ph}, sy^h

(b) lateinische:
ab dem 2. (Handschriften ab dem 4.) Jh.; altlateinische (it) in verschiedenen Rezensionen (a, b, c ...); spätestens ab 7. Jh. in Handschriften überliefert ist (zusätzlich) die normativ gewordene Vulgata (vg).

(c) koptische
ab dem 3. (Handschriften ab dem 4./5.) Jh. (co), z.T. unterschieden nach Dialekten: ac, ac^2, bo, mae, mf, pbo, sa

(d) armenische, georgische, äthiopische, gotische u. a. Übersetzungen

(3) Kirchenväterzitate

1.4 Zur Geschichte der Textüberlieferung des Neuen Testaments

Die Geschichte der Textüberlieferung des Neuen Testaments ist von großer Aussagekraft für die frühe Wirkungs- und Auslegungsgeschichte des Neuen Testaments. Im Zusammenhang der exegetischen Analyse dient die Orientierung über die Text-Geschichte aber vor allem dazu, Kriterien für die Zuordnung und Bewertung einzelner Handschriften und damit bestimmter Lesarten zu begründen. Zu diesem Zweck ist eine (erhebliche) Vereinfachung der tatsächlichen Verhältnisse nötig.

(1) Papyri und Pergamente vom 2. bis zur Schwelle des 4. Jahrhunderts

Die ältesten Textzeugen sind die – meist auf Papyrus, selten auf Pergament geschriebenen – Handschriften, die vom 2. Jahrhundert an (P^{52}) bis zum 3./4. Jahrhundert erstellt werden. Sie bezeugen den sog. »frühen Text« (vor der Ausbildung von festen »Textformen«). Zu ihnen gehören:

1. Hälfte 2. Jh.:	P^{52}
um 200:	P^{32}, P^{46}, $P^{64/67}$, P^{66}
2./3. Jh.:	P^{77}; P^{90}; 0189
3. Jh.:	P^1, P^4, P^5, P^9, P^{12}, P^{15}, P^{20}, P^{22}, P^{23}, P^{27}, P^{28}, P^{29}, P^{30}, P^{39}, P^{40}, P^{45}, P^{47}, P^{48}, P^{49}, P^{53}, P^{65}, P^{69}, P^{70}, P^{75}, P^{80}, P^{87}, P^{91}, P^{95}, 0212, 0220 u. a.
3./4. Jh.:	P^{13}, P^{16}, P^{18}, P^{37}, P^{38}, P^{72}, P^{78}, P^{92}, 0162, 0171 u. a.

Der frühe Text entsteht in der Zeit erster Sammlungen von neutestamentlichen Schriften. Einerseits gibt es Zeugen eines »freien Textes«, die eine recht große Variationsbreite aufweisen (Papyri 45, 46, 66 sowie 9, 13, 37, 40, 78), andererseits (mit den Papyri 29, 38, 48 und 0171) auch einige Vorläufer des »westlichen Textes« sowie Vertreter eines sehr »festen Textes«, die ungewöhnlich große Übereinstimmungen untereinander aufweisen (Papyri 1, 23, 27, 35, 39, 64/67, 65, 70, 75 sowie 0220), und eines »Normaltextes«, der nur im Rahmen üblicher Abweichungen geringeren Ausmaßes vom Urtext abweicht (Papyri 4, 5, 12, 16, 18, 20, 28, 47, 52, 87). Zwischen dem »festen Text« und dem »Normaltext« liegen die Papyri 15, 22, 30, 32, 49, 53, 69 (Tendenz zu D), 72, 77, 80 sowie die Majuskeln 0162 und 0189.

Alle Handschriften des »frühen Textes« (nicht alle Papyri!) genießen ihres Alters wegen höchste Priorität bei der Rekonstruktion des Urtextes. Nahezu alle Zeugen stammen (mit Ausnahme von 0212) aus Ägypten – nicht, weil dort das Interesse am Neuen Testament außergewöhnlich groß gewesen wäre, sondern deshalb, weil der trockene Wüstensand das empfindliche Material konservieren konnte.

(2) Die Entwicklung von »Textformen«

Einen großen Schub bringen das Ende der diokletianischen Verfolgung (300) und die »Konstantinischen Wende« (313). Durch die Handschriftenverbrennung der Verfolgungszeit einerseits, das Anwachsen der Christengemeinden andererseits entsteht eine starke Nachfrage. Sie konnte nur durch sehr viele neue Abschriften befriedigt werden; man beginnt, die handgefertigten Kopien in kleinen und großen Skriptorien zu erstellen. Dadurch fließen verschiedene Traditionsströme zusammen. Bis vor kurzer Zeit ging man davon aus, dass sich im Zuge dessen aufgrund mehr oder weniger systematischer Redaktionen zu bestimmten Zeiten und an bestimmten Orten feste »Texttypen« gebildet haben. Die heutige Textforschung rückt von dieser Theorie mehr und mehr ab. Freilich hat es einen gewissen Wert, wenn man, an sie angelehnt, verschiedene »Textformen« zu unterscheiden trachtet.

a) *Der »alexandrinische« Text*, benannt nach dem häufigsten Vorkommen in Ägypten, knüpft an Textüberlieferung u. a. von P^{46} und P^{66} (beide um 200) an. Wegen seines hohen Alters und der Sorgfalt seiner Überlieferung ist er für die Gewinnung des Urtextes von größter Bedeutung.

Vertreter sind u. a. ℵ, A (nicht bei den Evangelien), B, 33 (nur bei der Apostelgeschichte, den Paulinen und der Offenbarung), 1739 (nur bei den Paulusbriefen).

b) Durch schleichende, aber kontinuierliche, nicht programmatische, aber erkennbare Veränderungen entsteht im Laufe der Zeit aus der alexandrinischen *die ägyptische Textform*, deren textkritischer Wert etwas geringer ist.

Vertreter sind u. a. P^{51}, C, D (nicht bei den Evangelien), L (nur bei den Evangelien), T, 0274, 33 (Evangelien), 81, 892, 1175, 1506 (Paulus), 1881 sowie die koptischen Übersetzungen (co).

c) *Der byzantinische Text (Koine-Text)*, dessen Heimat Antiochia und Konstantinopel zu sein scheinen, ist der Zahl der Handschriften nach am weitesten verbreitet. Vom 9. Jh. an beherrscht er die Szene. Er ist stärkeren Veränderungen als der »alexandrinische« Text unterworfen: um das Verständnis zu erleichtern, differierende Lesarten auszugleichen und den Stil zu verbessern. Deshalb ist der Wert des Koine-Textes für die textkritische Arbeit geringer (auch wenn Handschriften des byzantinischen Typs die Basis für die erste griechische Ausgabe des Neuen Testaments in der Neuzeit gebildet haben und die Text-Qualität, wie dann die Übereinstimmung mit »alexandrinischen« Handschriften zeigt, häufig nicht schlecht ist).

Hauptvertreter sind: G (nur bei den Evangelien), K, N, P, R, X, 063, die meisten Minuskeln (als Sammelbezeichnung steht häufig die Sigle M), die Vulgata (vg), die syrischen Übersetzungen (sy) sowie die griechischen und die späteren lateinischen Kirchenväter (AMBROSIASTER, AUGUSTINUS u. a.).

d) *Der »westliche« Text* ist in der Forschung am meisten umstritten. Zwar liegt ein ausgezeichneter Frühtext zugrunde (vgl. die Vor- oder Nebenformen P^{29}; P^{38}; P^{48}; 0171). Allerdings scheint es – vor allem bei Lukas und in der Apostelgeschichte – durch Streichungen, Hinzufügungen und Neuformulierungen vergleichsweise starke Umgestaltungen gegeben zu haben. Sein Wert ist dort ausgesprochen hoch, wo er mit dem alexandrinischen übereinstimmt, sonst ist er von geringer Bedeutung.
Hauptvertreter ist – mit vielen Besonderheiten – D (05) (nur im Lukasevangelium und in der Apostelgeschichte, nicht im paulinischen Schriftenkreis). Zeugen des »westlichen« Text sind auch die frühen lateinischen Väter (TERTULLIAN; CYPRIAN u. a.) sowie die alten lateinischen Übersetzungen (it: a, b, c ...), ferner einzelne syrische Varianten.

e) Eine postulierte, in der Forschung nicht unumstrittene Größe ist *die »cäsareensische Textform«*, die eine eigenständige Mischform liefert, unter Einfluss des alexandrinischen Textes steht, deshalb durchaus wichtig ist, aber keine eigenständige Bedeutung für die Gewinnung des Urtextes beanspruchen kann.
Zeugen sind: θ. 565. 700 ($f^1.f^{13}$).

f) Daneben gibt es einige *Handschriften eigenen Charakters*, die kaum einem bestimmten Texttyp zugerechnet werden können.

Es ist zu beachten, dass eine Handschrift bei verschiedenen neutestamentlichen Schriften verschiedenen Texttypen zugehören kann, was u. a. mit der unterschiedlichen Pflege der Schriften im Prozess der Kanonbildung zusammenhängt. So bietet z. B. der Codex Alexandrinus (A [02]) von der Apostelgeschichte an den alexandrinischen, bei den Evangelien aber einen byzantinisch beeinflussten Text.

1.5 Der Ertrag

Die Sammlung und Prüfung der Handschriften ist eine hoch spezialisierte Aufgabe, die von einer kleinen Expertengruppe professionell betrieben wird. Deren Arbeit, die zu den wissenschaftlichen Textausgaben führt, bildet die Basis nicht nur für alle weiteren exegetischen Studien, sondern auch für alle Übersetzungen einschließlich aller »alternativen« Bibellektüren. Auch auf den Gebieten der Papyrologie, des antiken Buch- und Übersetzungswesens, der Dogmen- und Religionsgeschichte leisten die Textkritiker Pionierarbeit.

Die wissenschaftlichen Textausgaben verschaffen allerdings auch den »Laien« die Möglichkeit, textkritische Entscheidungen der Herausgeber (die keineswegs in allen Fällen unumstritten sind) nachzuprüfen und ggf. in Frage zu stellen. Der Ort der Textkritik in einer Seminararbeit wird im Regelfall dort zu finden sein, wo in der Analyse oder der Interpretation die fraglichen Wendungen berührt werden und eine Entscheidung von Gewicht ansteht.

1.6 Ein Beispiel: Der Paschamahlbericht (Lk 22,14–23)

Der lukanische Paschamahlbericht (Lk 22,14–23) weist gegenüber den synoptischen Parallelen (Mk 14,22–25 par Mt 26,26–29; vgl. 1Kor 11,23ff) eine Vielzahl von Besonderheiten auf: Vor allem ist das Pascha-Motiv stark betont (Lk 22,14–18); und an das letzte Abendmahl sowie die Ankündigung des Verräters (22,21ff) schließt sich eine längere Abschiedsrede an, in der Jesus die Jünger auf sein Leiden und die Zeit danach vorbereitet (22,24–38). Auch die Text-Überlieferung weist eine große Merkwürdigkeit auf: Die »Einsetzungsworte« nämlich, die in einer der paulinischen Tradition ähnlichen (1Kor 11,23ff), von Markus (14,23f) aber abweichenden Fassung begegnen (Lk 22,19f), sind nicht in allen Handschriften bezeugt. Wie der textkritische Apparat des Nestle-Aland ausweist, liest der Codex Bezae Cantabrigiensis (D [05]) samt den altlateinischen Übersetzungen (die von griechischen Zeugen des »westlichen Typs« abhängen) nur bis Vers 19a: »Das ist mein Leib« und fährt dann unmittelbar mit der Bezeichnung des Verräters (22,21f) fort, ohne das von anderen Zeugen gebotene »... für euch dahingegeben. Tut dies zu meinem Gedächtnis!« (22,19b) sowie die Bechergabe und das Deutewort über den »neuen Bund in meinem Blut, das für euch vergossen ist« (22,20) zu lesen. Daraus ist gelegentlich gefolgert worden, das Lukasevangelium kenne ursprünglich gar nicht die sühnetheologisch aufgeladene Eucharistietheologie, die entsprechenden Verse seien erst nachträglich interpoliert worden[15], oder aber der Evangelist habe bewusst die ältere Herrenmahlstradition nicht aufgenommen, weil er eine andere Soteriologie des Todes Jesu vertrete[16]. Die Konsequenzen für das Verständnis der lukanischen Theologie, aber auch für die Theologiegeschichte des Herrenmahles wären im einen wie im anderen Fall gravierend.

Eine nüchterne textkritische Prüfung zeigt allerdings ein anderes Bild.[17] Die ältesten und besten Handschriften, die herangezogen werden können, bezeugen den sog. »Langtext« mit den vollen Herrenmahlsworten (P^{75}; ℵ; B; L; 579 u. a., mit geringen Umstellungen auch A, W, θ und weitere). Der Codex Bezae Cantabrigiensis ist zwar eine sehr wertvolle Handschrift, zeigt aber insgesamt, gerade beim lukanischen Doppelwerk, so viele Eigenwilligkeiten, dass er nur dann von größter Relevanz wäre, wenn er mit den ältesten Papyri, hier P^{75}, und mit dem alexandrinischen Texttyp, hier dem Codex Sinaiticus (ℵ [01]) und dem Codex Vaticanus (B [03]), übereinstimmte. Zu erklären bleibt dann allerdings die Kürzung der Passage bei den Zeugen des sog. D-Textes. Wegen der Wichtigkeit des Passus kommt ein Versehen kaum in Betracht. Eine anti-eucharistisch motivierte Auslassung durch die Tradenten des D-Textes ist ebenso unwahrscheinlich. Entweder ist mit »Arkandisziplin« zu rechnen: Der Codex Bezae greift bei Lukas eine Rezension auf, die Jesu heiligste Worte Jesu nicht für jedermann sichtbar aufs »Papier« bringen sollte und sich deshalb mit einer Andeutung begnügte. Oder aber die Kürzung des Brotwortes ist ein »redaktioneller« Eingriff des Kopisten, der an die markinische Parallele (14,23), die das »für« nicht kennt, angleichen und eine Doppelung der Becherhandlungen und -worte (Lk 22,17f.20) vermeiden wollte, so dass der »erste« Pascha-Becher zum eucharistischen wird. Sollte eine dieser Erklärungen zutreffen, wäre sie frömmigkeitsgeschichtlich und theologiegeschichtlich höchst bedeutsam. Zu weitreichenden Spekulationen über eine Relativierung der Eucharistie und der Soteriologie des stellvertretenden Sühnetodes *bei Lukas* aber besteht kein Anlass.

2 Situationsanalyse

2.1 Die Aufgabe

Die Situationsanalyse betrachtet den Text als Teil eines historischen Kommunikationsgeschehens. Er ist von einem bestimmten Autor aus einem bestimmten Anlass zu einer bestimmten Zeit an einem bestimmten Ort für bestimmte Adressaten geschrieben worden. Er setzt vielfach das Wissen und Denken, die Welt- und die Gotteserfahrung, den Alltag und die großen geschichtlichen Zusammenhänge voraus, in denen Autor und Adressaten leben. Wenn nach dem historischen Ursprungssinn eines Textes gefragt wird, ist die Analyse der Entstehungssituation eines Textes eine große Hilfe, häufig eine unabdingbare Voraussetzung für seine Interpretation. Zwar ist innerhalb des Neuen Testaments durchaus zwischen den verschiedenen Schriftengruppen zu unterscheiden: Die »echten« Briefe sind durchweg stark situationsbezogen; im Fall der Paulinen spricht man sogar von »Gelegenheitsschriften«. Die Evangelien und die Apostelgeschichte dagegen sind im Ganzen keineswegs so unmittelbar »aktuell«. Gleichwohl lassen auch sie sich nur aus den geschichtlichen Bedingungen ihrer Entstehung heraus historisch angemessen verstehen.

Situationsanalyse

In ihrer Sicht des Textes als Teil einer Kommunikation stimmt die Situationsanalyse mit der Textpragmatik überein. Anders als in der pragmatischen Analyse werden in der Situationsanalyse aber nicht nur die kommunikativen Merkmale des Textes selbst betrachtet, sondern möglichst umfassend die Aspekte einer ganz bestimmten historischen Kommunikationssituation erhoben. Der Text selbst ist ein (wesentlicher) Faktor dieser Situation. Ausgehend vom Text und dem ihm *impliziten* Bild des Autors, der Adressaten und ihrer Kommunikation werden jedoch zusätzliche Informationsquellen herangezogen, um ein Bild vom *historischen* Autor, seinen *historischen* Adressaten und deren *historisch* bedingter Situation zu gewinnen.

Die Aufgabe der Situationsanalyse besteht darin, möglichst genau die historische Entstehungssituation eines Textes zu rekonstruieren. Geforscht wird deshalb nach dem Verfasser (resp. Redaktor), der Entstehungszeit, dem Entstehungsort, den Adressaten, dem Anlass und dem historischen und soziokulturellen Umfeld.

Im Regelfall richtet sich die Aufmerksamkeit exegetischer Seminararbeiten auf einen Einzeltext im Rahmen eines größeren Werks, also z. B. auf ein Gleichnis im Kontext eines Evangeliums oder einen Abschnitt im Rahmen eines Briefes. Die Situationsanalyse bezieht sich dann zuerst auf das Gesamtwerk. Allerdings gilt es auch zu untersuchen, wie stark die auf dieser Ebene zu erzielenden Ergebnisse auf den Einzeltext durchschlagen und ob es für ihn besondere Faktoren zu beachten gilt.

Ausgeklammert aus der Situationsanalyse seien drei Aspekte des soziokulturellen Umfeldes, die wegen ihrer Bedeutung für die exegetische Arbeit in gesonderten Methodenschritten behandelt werden:
- erstens die literarischen Konventionen und Traditionen,
- zweitens die sog. Realien (Gegenstände, Orte, Bräuche, historische Personen und Ereignisse etc., die der Text erwähnt oder voraussetzt),
- drittens das religiöse und philosophische Gedankengut.

Ihnen widmen sich die Gattungs-, die Sach- und die Motivanalyse (die dadurch mit der Situationsanalyse verknüpft sind).
Lässt sich für den zu untersuchenden Text eine literarische Vorgeschichte nachweisen und rekonstruieren, dann muss auf den verschiedenen Überlieferungsebenen jeweils gesondert nach der Kommunikationssituation gefragt werden, in der er geschrieben worden ist. Denn eine Wundergeschichte, die ursprünglich selbständig gewesen ist, gelangt in ein anderes kommunikatives Umfeld, wenn sie zu einem Teil einer Sammlung von Wundergeschichten (etwa für den missionarischen Predigtgebrauch) oder zur Perikope eines Evangeliums wird.

2.2 Das methodische Verfahren

Die überlieferten Informationen zu den Entstehungsverhältnissen biblischer Schriften sind in der Regel spärlich und auch dort, wo sie eindeutig zu sein scheinen (z. B. bei Absenderangaben in den neutestamentlichen Briefen), nicht immer historisch zuverlässig. Deshalb bedarf es »historisch-kritischer« Untersuchungen, um die Entstehungsbedingungen biblischer Texte zu erhellen. Diese gehen von den Hinweisen aus, die in den Texten (und ihren Kontexten) enthalten sind, und ziehen ergänzend weitere Quellen heran.

(1) Fragestellungen

Um die Entstehungssituation eines Textes zu erhellen, müssen gezielte Fragen wie die folgenden gestellt werden. Sie sollen ein Spektrum markieren und zu eigenen Fragen anregen. Die Fragen lassen sich keineswegs für alle Texte resp. jede biblische Schrift beantworten. Sie sind auch nicht alle für die Auslegung eines jeden Einzeltextes oder für jede Fragestellung hilfreich. Eine sorgfältige Prüfung des Ertrages für den Untersuchungstext ist erforderlich.

- *Wer ist der Autor der Schrift?*
- *Wann ist die Schrift verfasst worden?*

- Wo ist die Schrift verfasst worden?
- Wer sind die Adressaten?
- Welches Verhältnis besteht zwischen dem (realen) Autor und den (realen) Adressaten?
- Welches war der Anlass für die Abfassung?
- Welche historischen (auch kirchen- und theologiegeschichtlichen) Ereignisse und Zusammenhänge haben auf die Entstehung der Schrift eingewirkt?

(2) Informationsgewinnung aus den Primärquellen

Für die Analyse der Entstehungssituation sind alle erreichbaren Quellen heranzuziehen, die sachdienliche Hinweise zur Beantwortung der Fragen geben, und kritisch auf ihren historischen Informationsgehalt zu prüfen.

Direkte Angaben

Umfassende Hinweise auf die Entstehungssituation enthält keine einzige neutestamentliche Schrift. Datierungen und Lokalisierungen fehlen zumeist. Gleichwohl gibt es einige wenige direkte Hinweise, die meist mühsam gewonnen, in jedem Fall peinlich genau beachtet und häufig wie in einem Puzzle (das zuweilen viele Lücken lässt) zusammengesetzt werden müssen.

Relativ viele Angaben finden sich meist in den *Briefen*: Absender- und Adressatenangaben (vgl. Gal 1,1–9; 1Petr 1,1f; Jak 1,1); Informationen zur Entstehungssituation in den Proömien (vgl. 1Kor 1,4–9; 2Kor 1,3–11) oder den Grußlisten am Schluss (vgl. Röm 16,3–16; Kol 4,15ff); Polemiken (vgl. Gal 3,1–5) oder Danksagungen (vgl. 1Thess 1,2–3,10); manchmal Situationsbeschreibungen und Situationskritiken (vgl. 1Kor 11,17ff). Allerdings ist genau zu unterscheiden, ob ein Brief wirklich aktuelle Phänomene thematisiert oder mit Topoi, Beispielhaftem oder Grundsätzlichem arbeitet. Die *Evangelien und die Apostelgeschichte* enthalten etliche Informationen zum Umfeld der berichteten Ereignisse des Lebens Jesu und der Urkirche, sind zur eigenen Entstehungssituation jedoch weit weniger auskunftsfreudig (Ausnahmen z. B. Lk 1,1–4; Apg 1,1;

Joh 21,24). Direkte Angaben über die Entstehungsverhältnisse neutestamentlicher Schriften, insbesondere der Evangelien, finden sich recht bald bei den *Apostolischen Vätern* und daran anschließend – meist in großer Übereinstimmung mit älteren Angaben – aus späterer patristischer Zeit.

Die hergebrachten Urteile über die Entstehungsverhältnisse, insbesondere die Verfasserschaft der neutestamentlichen Schriften bedürfen einer unvoreingenommenen Prüfung. Dazu müssen die vielfältigen Traditions-Zeugnisse zunächst miteinander verglichen und einer »Genealogie« zugeordnet werden, so dass sich ggf. Abhängigkeiten jüngerer Zeugnisse von älteren nachweisen und möglichst die jeweils frühesten auffinden lassen. Darüber hinaus aber gilt es, die Plausibilität der patristischen Auskünfte an den neutestamentlichen Texten selbst zu prüfen: ob ihr Stil und ihr Thema, ihre vorausgesetzten Entstehungsbedingungen und Traditionslinien zu diesen Angaben passen oder nicht. Da in der Regel größere Lücken zwischen der (zu rekonstruierenden) Entstehungszeit und den ältesten Väter-Zeugnissen klaffen, ist eine sorgsame Kontrolle angezeigt, die auch zur (teilweisen) Korrektur der hergebrachten Auffassungen führen kann.

Eine kritische Würdigung verdienen aber auch die direkten Angaben der neutestamentlichen Schriften selbst: ist doch in der gesamten spätantiken Literatur und auch im Neuen Testament das Phänomen der Pseudepigraphie bekannt (der Abfassung einer Schrift unter anderem Namen – mit der Konsequenz fingierter Adressaten-, Zeit- und Ortsangaben).

So hilfreich deshalb direkte Angaben zu den Entstehungsverhältnissen sind, so wichtig ist eine sorgfältige Auswertung der indirekten Angaben.

Indirekte Hinweise

Den relativ wenigen direkten stehen in den neutestamentlichen Schriften außerordentlich viele indirekte Angaben zur Entstehungssituation gegenüber. Die meisten dieser Hinweise sind allerdings nur schwer zu finden, und die wenigsten sind eindeutig zu interpretieren. Desto größer muss die methodische Disziplin im Umgang mit diesen indirekten Angaben sein. Vielfach ist, um die Hinweise eigenständig auswerten zu können, eine gute Kenntnis christlicher wie nicht-christlicher antiker Literatur (resp. eine intensive Nutzung von Sekundärliteratur und Hilfsmitteln) erforderlich.

Die indirekten Hinweise beruhen darauf, dass der Text Informationen enthält, die entweder auf außertextliche Größen verweisen, über die man aus anderen Quellen etwas weiß (z. B. historische Personen oder Ereignisse, Orte, landwirtschaftliche Techniken), oder die Schlussfolgerungen über den Autor und seine Adressaten, deren Standort, Wissen etc. erlauben. (Wer Reinheitsgebote erklären muss, schreibt nicht für Juden [Mk 7,3f]; wer Gerasa am Ufer des Sees Gennesaret vermutet, kennt die Lokalitäten nicht [Mk 5,1]; wer Jesus im Vergleich mit anderen Evangelisten auffallend scharfe Polemik gegen Pharisäer in den Mund legt, hat vielleicht selbst Konflikte mit Pharisäern [Mt 23 u. ö.].)

(3) Arbeit mit Sekundärliteratur und Hilfsmitteln

Im Rahmen einer Seminararbeit ist es in der Regel weder leistbar noch erforderlich oder sinnvoll, selbständig die Situationsanalyse für eine ganze biblische Schrift durchzuführen. Es reicht meist aus, sich anhand der einschlägigen Literatur über die Forschungsergebnisse zur Entstehung der jeweiligen Schrift zu informieren, um die so gewonnenen Informationen dann abrufen zu können, wenn die Analyse und Interpretation es erfordern. Die Frage der Entstehungsverhältnisse einer neutestamentlichen Schrift behandeln die sog. »Einleitungen«. Oft finden sich auch in den größeren Kommentaren einleitungswissenschaftliche Kapitel. Wenn Informationen zu Realien benötigt werden, helfen meist die biblischen Lexika weiter. Zu historischen Fragen sind – neben den Lexika – die Lehrbücher zur Geschichte und Sozialgeschichte des Urchristentums sowie zur ›Umwelt des Neuen Testaments‹ heranzuziehen. Auch allgemeinhistorische Hilfsmittel zur Antike (wie z. B. der ›Pauly‹) können nützlich sein.

1.4 Der Ertrag und der Zusammenhang mit anderen Methoden

Kein Text, auch kein biblischer, entsteht im luftleeren Raum. Wenn der geschichtliche Textsinn bzw. die Autorintention und die ursprüngliche Leserrezeption erhellt werden sollen, müssen der Text, sein Verfasser und seine Empfänger in der geschichtlichen Situation wahrgenommen werden, in der sie selbst gestanden haben. Indem die Situationsanalyse so den geschichtlichen Erfahrungsbezug der Texte beleuchtet, führt sie die Beobachtungen zu den kommunikativen Aspekten des Textes weiter, die in der Formanalyse gemacht werden. In späteren Untersuchungsschritten sind auf Grundlage der Situationsanalyse begründete Aussagen über den Traditionsraum und den Trägerkreis nicht nur dieses Textes, sondern auch verwandter Texte und theologischer Aussagen zu treffen (»Sitz im Leben« in der Gattungsanalyse; Motivanalyse).

1.5 Ein Beispiel: Paulus über Ehe und Ehelosigkeit (1 Kor 7)

In 1 Kor 7 nimmt der Apostel Paulus zu Fragen der Ehe und der Ehelosigkeit, später auch der Ehescheidung Stellung.[18] Die Verse gelten häufig als typisches Beispiel für die Sexualfeindlichkeit, bisweilen auch für den Frauenhass des Apostels Paulus. Schon der Eingangsvers des Kapitels (7,1) dient als wichtiger Beleg für diese Kritik. Dort heißt es: »Nun zu dem, was ihr geschrieben habt: Ein Mann tut gut daran, keine Frau zu berühren.« Das Urteil scheint klar: Paulus gewinne kein positives Verhältnis zur Geschlechtlichkeit; er fordere den allgemeinen Zölibat; nur widerwillig räume er zur Vermeidung größeren Übels als Notbehelf das Heiraten und den ehelichen Geschlechtsverkehr ein (vgl. 7,2).

Genaueres Zusehen indes, aus welchem Anlass Paulus zu Ehe-Fragen Stellung nimmt, führt zu einem anderen Bild. Zunächst: Es ist nicht der Apostel, der von sich aus das Thema

Situationsanalyse

wählt; er wird vielmehr von den Korinthern auf dieses Thema gestoßen. Die Eingangswendung: »Nun zu dem, was ihr geschrieben habt ...« zeigt an, dass Paulus auf einen Brief antwortet, den die Korinther ihm mit der Bitte um Stellungnahme gesandt haben. Eine Durchmusterung des gesamten Ersten Korintherbriefes zeigt, dass es eine Reihe ähnlicher Stellen gibt (8,1: Götzenopferfleisch; 12,1: Charismen; 16,1: Kollekte für Jerusalem), die gleichfalls auf briefliche Anfragen aus Korinth schließen lassen, die der Apostel beantworten soll. Gleichzeitig lässt sich dem Ersten Korintherbrief aber auch entnehmen, dass Paulus aus anderen Quellen mündliche Nachrichten über den Zustand der Gemeinde zu Ohren gekommen sind (1,11; 5,1; 11,18), die ein wesentlich anderes Bild als der Brief zeichnen. Hört Paulus dort von einer drohenden Spaltung der Gemeinde (1,11), von Rechtshändeln unter Christen (5,1), von übergroßer sexueller Freizügigkeit selbst im Umgang mit Prostituierten (6,12–20) und von der Diskriminierung der Armen beim Herrenmahl (11,18), so soll ihm der Brief aus Korinth das Bild einer hoch motivierten, äußerst engagierten, charismatisch begabten Gemeinde vermitteln, in der sich alle »starken« Christenmenschen gegenseitig nur an Radikalität des Christseins zu übertreffen trachten (vgl. 13,1–3).

In diesem Rahmen ist 1Kor 7,1 (neu) zu lesen. Eine wichtige (von der Forschung kontrovers diskutierte und in den Übersetzungen unterschiedlich beantwortete) Frage lautet, ob der Eingangssatz »Es tut dem Mann gut, keine Frau zu berühren!« die Ausgangsthese des Apostels[19] oder aber ein Zitat aus dem Brief der Korinther ist[20]. Kriterien für die Beurteilung von 7,1b liefern die Vergleichsstellen, an denen Paulus den korinthischen Brief beantwortet, und die weiteren Einlassungen des Apostels zur Sache.

Für die Annahme eines Zitates spricht, dass sich ähnlich undifferenzierte Ausführungen im weiteren Verlauf des Kapitels nicht finden. Zwar verhehlt Paulus keineswegs seine Bevorzugung charismatischer Ehelosigkeit (die er im übrigen mit Jesus teilt). Aber anders als 7,1b stellt der zentrale Satz 7,7 alles auf die charismatische Begabung ab. Mehr noch: Während 7,1b pauschal sagt, dass es für einen Mann »nicht gut« sei, »eine Frau zu berühren«, sagen die folgenden Sätze des Apostels (so problematisch sie heute vielen erscheinen), dass es nicht gut sei, wenn ein Mensch sich durch das Gelübde sexueller Abstinenz überfordere. Weiter scheint besonders aus den Passagen über die Jungfrauen, Witwen und Witwer in 7,25–28 und 7,36–40 eine starke Tendenz bei manchen Korinthern spürbar zu sein, die Ehelosigkeit zu favorisieren. Überdies greift Paulus auch an den anderen Stellen seines Briefes, an denen er das korinthische Schreiben zitiert, wenigstens ein Stichwort, bisweilen auch ein Schlagwort auf (z. B. in 1Kor 8,1: »Wir alle haben Erkenntnis«).

Allerdings gibt es auch Gründe für die Annahme, dass 1Kor 7,1b die These des Apostels bezeichnet. Das wichtigste Argument: Unmittelbar zuvor hat Paulus im sexualethischen Kontext die korinthische Parole »Alles ist erlaubt« zitiert (6,12). Wie soll das zur asketischen Parole von 1Kor 7,1b passen? Man müsste mit unterschiedlichen, widersprüchlichen Tendenzen in Korinth rechnen.

Nimmt man nun an, 1Kor 7,1b sei ein Zitat aus dem Brief an Paulus, wäre nicht nur der Ausgangspunkt der paulinischen Stellungnahme ein ganz anderer, als bei der Kritik an seiner angeblichen Frauen- und Leibfeindlichkeit unterstellt wird; es müssten dann auch die folgenden Ausführungen des Apostels über Ehe und Ehelosigkeit in einem neuen Licht gelesen werden – als pastorale Ratschläge, sich nicht durch asketische Radikalismen zu überfordern, als Konzessionen an den Willen zur heiligen Ehelosigkeit und als kluge Anleitungen zu einem realitätsnahen Eheverständnis.

Gesetzt aber den Fall, dass schon 1Kor 7,1b zur paulinischen Antwort gehört, lieferte die Situationsanalyse des gesamten Briefes wie des ganzen Kapitels Deutungshinweise, die ihrerseits die pauschale Verdächtigung des Apostels kritisieren: Paulus hätte dann vor allem die Aufgabe gesehen, den korinthischen Libertinismus zurückzuweisen; er hätte den pauschal klingenden Anfangssatz durch seine weiteren Ausführungen differenziert und bei seiner Vorliebe für die Ehelosigkeit doch aus ihr kein allgemeines Gesetz für alle Christen gemacht.

Wie immer das Urteil letztlich ausfallen mag: Die Exegese des Kapitels hängt in der Luft, wenn nicht untersucht wird, aus welchem Anlass es geschrieben worden ist.

3 Kontextanalyse

3.1 Die Aufgabe

Gegenstand der Exegese sind in Seminarveranstaltungen und -arbeiten meist Teiltexte und Textausschnitte neutestamentlicher Schriften; selten untersucht man ein ganzes Buch. Aber ein Einzeltext begegnet auf der Ebene der kanonisch gewordenen Bücher (und auf vielen Vorstufen) nicht isoliert, sondern als Teil eines größeren Werks. So hat ihn der Autor (auch als Redaktor) in der Regel gestaltet, und so haben ihn die Adressaten der Schrift wahrgenommen: im Zusammenhang mit vorausgegangenen und nachfolgenden Perikopen.

Analytisch betrachtet, hängt der Einfluss des Kontextes von zwei Faktoren ab: vom Ort des Teiltextes im Gesamttext und vom Bezug zwischen beiden auf sprachlich-syntaktischer, semantischer, pragmatischer Ebene. Anders gesagt: Vielfach sind Texte nicht nur absichtsvoll im Kontext platziert, sondern selbst erkennbar auf ihren Kontext ausgerichtet.[21] Durch Orts- und Zeitangaben, durch Personen, durch theologische Schlüsselbegriffe und -motive, durch das behandelte Thema, durch Wiederholungen und Wiederaufnahmen, durch Vor-, Quer- und Rückverweise u. ä. werden Verbindungen zu anderen, zum Teil weit entfernt liegenden Teilen einer Schrift hergestellt, die den Sinngehalt eines Einzeltextes beeinflussen. Zur Auslegung eines Textes gehört deshalb immer die Analyse seines Kontextes, soweit dieser erkennbar ist.[22]

Als Kontext eines Teiltextes gilt die gesamte, (ursprünglich) selbstständige, von einem Autor oder Redaktor für einen bestimmten Adressatenkreis und in einer bestimmten Situation verfasste Schrift, aus der der Teiltext stammt. In erster Linie ist hiermit das einzelne Evangelium, der einzelne Brief usw. gemeint. Für die exegetische Arbeit sind in zwei Richtungen Präzisierungen dieses Verständnisses notwendig. *Zum einen:* Es kann sinnvoll sein, einen Text im Zusammenhang von Schriftengruppen zu betrachten, die z. B. vom selben Autor oder aus einem gemeinsamen Milieu stammen (lukanisches Doppelwerk: Evangelium und Apostelgeschichte, paulinische oder johanneische Schriften, …). In einigen Ansätzen vor allem der alt-, teilweise aber auch der neutestamentlichen Exegese werden Texte auch auf der Ebene des vorliegenden Kanons interpretiert (›canonical approach‹). Entscheidend für die Anwendbarkeit des Kontextbegriffs in diesen Fällen ist, ob sich die Schriftengruppe jeweils zu irgendeinem Zeitpunkt ihres Entstehungs- und Kanonisierungsprozesses als historisch greifbare literarische Einheit (mit Verfasser/Redaktor, Adressaten, Entstehungssituation) fassen lässt. *Zum anderen:* Bei traditionsabhängiger Literatur kann die Traditionsanalyse zu sog. »kleinen Einheiten«, d. h. zu ursprünglich selbständigen Texten führen. In diesem Fall wäre eine Kontextanalyse überflüssig. Sobald jedoch diese älteren Texte auf der Ebene einer späteren Redaktion gelesen werden, ist sie unabdingbar.

Ziel der Kontextanalyse ist die Erfassung des Textes als Teil der größeren Sinneinheit, in der er vorzufinden ist. Die Aufmerksamkeit richtet sich sowohl auf die unmittelbare Nachbarschaft (engerer Kontext; Mikrokontext) als auch auf größere Sequenzen und die ganze betreffende Schrift (weiterer Kontext; Makrokontext).[23] Die Kontextanalyse grenzt nicht nur den Einzeltext von seinem Kontext ab; sie fragt auch nach seiner Stellung, seiner Einbindung und seiner Funktion im literarischen Zusammenhang. Sie sucht die Sinnhinweise aufzuspüren, die sich aus der Verankerung eines Einzeltextes in den Kontext ergeben.

3.2 Das methodische Verfahren

Die Kontextanalyse vollzieht sich in zwei Schritten. Sie muss
1. den Einzeltext vom Kontext abgrenzen und
2. den Standort und Stellenwert des Textes in seinem Kontext bestimmen.

Beim ersten Schritt wird deutlich, inwiefern es begründet ist, sich näher mit dem bestimmten Textabschnitt zu befassen, oder ob nicht weitere Verse einbezogen werden müssen. Beim zweiten Schritt wird deutlich, wie der Text in die Anlage und Thematik des engeren und weiteren Kontextes hineinpasst.

Bei der Kontextanalyse ist zu berücksichtigen, dass die vorgegebene Kapitel- und Verseinteilung erst spät entstanden ist, also keinen unmittelbaren Anhaltspunkt geben kann. Noch weniger dürfen die Abschnitte und Überschriften der gängigen Bibelausgaben unbesehen übernommen werden (wiewohl sie durchaus Hilfestellungen zu geben vermögen). Signifikant sind nur Gliederungssignale des Textes selbst.

(1) Abgrenzung vom Kontext

■ *Wie ist der Text nach vorne und nach hinten von seinem Kontext abgegrenzt?*

Gibt es einen Wechsel in der Sprache, im Vokabular oder im Stil? Wechselt das Thema? Gibt es einen Einschnitt in der Argumentation oder im Gang der Erzählung (Wechsel von Ort oder Personen, neue Zeitangabe)? Gibt es andere sprachliche Signale für einen Einschnitt (eröffnende oder abschließende Floskeln, Gattungswechsel [s. u. Gattungsanalyse] ...)? Ist der Text im Rahmen der Gliederung des Gesamtwerkes eine (relativ) selbstständige Einheit?

(2) Einordnung in den Kontext

■ *Welche Anlage hat die Gesamtschrift?*

Welches Thema verfolgt sie? Wie ist sie (grob) gegliedert? (Hilfsmittel sind Kommentare und einschlägige exegetische Studien.)

▪ *Welchen Ort hat der Text in der Gesamtschrift?*

Welcher größeren Untereinheit gehört der Text an? Welchen Stand hat die Erzählung, Darstellung oder Argumentation zu Beginn des zu untersuchenden Textes erreicht? Wie setzt sie sich danach fort? Welche Texte bilden nach vorne und hinten die unmittelbare Nachbarschaft?

▪ *Wie ist der Text mit seinem unmittelbaren literarischen Zusammenhang verknüpft?*

Die sprachlichen Mittel, die einen Text in seinen Mikrokontext einbinden, liegen auf syntaktischer Ebene (Konjunktionen, Pronomen, Stichwortbrücken, logische Verknüpfungen ...), auf struktureller Ebene (Vor-, Rück- und Querverweise; Argumentationsketten; erzählerische Ereigniszusammenhänge und Spannungsbögen; Personenkonstellationen ...) und auf semantischer Ebene (Motivwiederholungen und -variationen; thematische Wiederaufnahmen; Kontraste und Oppositionen ...). Auch eine einheitliche Kommunikationsabsicht (argumentieren, ermahnen, darstellen ...) wirkt verbindend.

▪ *Zu welchen weiter entfernt liegenden Texten bestehen Verbindungen?*

Eine größere Reichweite über den unmittelbaren Kontext hinaus haben nur einige der Mittel: Bestehen Stichwortbrücken zu weiter entfernten Texten? Gibt es weiter reichende motivliche und thematische Wiederaufnahmen? Sind Personen oder Orte einer Erzählung aus anderen Szenen der Gesamterzählung schon bekannt? Wird auf im Kontext schon Dagewesenes oder noch Kommendes explizit verwiesen oder wird umkehrt auf den Text anderswo Bezug genommen?

▪ *Wie bestimmt der Kontext die Wahrnehmung des Textes?*

Welche Themen oder Fragen spielen die Bezugstexte ein? Welche Informationen und welches Wissen werden durch sie eingebracht? Welche Erwartungen weckt das vorausgehend Dargelegte oder Erzählte beim Leser?

Bei erzählenden Texten: Ergeben sich aus dem Erzählten Stimmungen, offene Fragen, ungeklärte Konflikte, unvollendete Handlungen ...?

Bei argumentierenden Texten: Ist der Gedankengang vollendet? Oder gibt es offene Fragen, Klärungsbedarf, Probleme, die nach einer Antwort verlangen ...? Welche Weiterführung erfahren die Ereignisse resp. die Themen eventuell in nachfolgenden Texten, so dass rückblickend Licht auf den Untersuchungstext fällt?

- *Was trägt der Text seinerseits zum Verständnis des näheren und weiteren Kontextes bei?*

Welchen Beitrag leistet der Text für den Gedanken- oder den Erzählgang im näheren und weiteren Zusammenhang? Welche Antwort, welchen Beitrag leistet der zu untersuchenden Text für offene Fragen, ungelöste Konflikte, unabgeschlossene Ereignisfolgen, das Nachdenken über Themen etc. aus dem vorausgehenden Kontext? Was stößt er für das Nachfolgende an? Welche später entwickelten Themen, Gedanken, Motive und Ereignisse werden durch ihn vorbereitet oder eingebracht?

3.3 Der Ertrag und der Zusammenhang mit anderen Methoden

Die Kontextanalyse ist (auch bei traditionsabhängigen Texten) neben der Formanalyse ein grundlegender Schritt der Analyse, weil sie den auszulegenden Einzeltext in seinem ursprünglichen literarischen Zusammenhang wahrnimmt. Da dieser Kontext die Struktur und den Sinn des Einzeltextes mitbestimmt, gibt die Kontextanalyse wichtige, häufig entscheidende Fingerzeige für die Interpretation. Sie ist auch ein wichtiges Bindeglied zu allen Formen »einfacher« Schriftlesung: Denn die genaue Betrachtung des jeweiligen Kontextes einer Schriftperikope setzt bis zu einem gewissen Grade keine besonderen Vorkenntnisse und Spezialtechniken voraus, sondern nur die Bereitschaft zu aufmerksamem und neugierigem Lesen.

In Fällen, in denen die literarkritische Analyse auf Traditionsabhängigkeit schließen lässt, kann die Kontextanalyse diachronische Tiefenschärfe durch einen ständigen Vergleich mit der Vorlage gewinnen (was in der Redaktionsanalyse ausgebaut wird). Ein klassischer Fall ist die Kontextanalyse einer matthäischen oder lukanischen Perikope im synoptischen Vergleich mit dem Markusevangelium.

Weitere Möglichkeiten, die Kontextanalyse zu intensivieren, ergeben sich aus der *Integration* gattungskritischer Forschungen: Da z. B. die Brief-Eröffnungen und Brief-Schlüsse des Neuen Testaments im Ganzen recht festen Gestaltungsregeln folgen, ist ein Vergleich des vorliegenden Textes mit der literarischen Konvention höchst aufschlussreich.

3.4 Ein Beispiel: Die Tempelaktion Jesu (Mk 11,15–19; Mt 21,12–17; Lk 19,45–48; Joh 2,13–22)

Alle Evangelien betonen die Bedeutung der Aktion Jesu im Tempel, doch alle in je verschiedener Form.[24] Der jeweilige Kontext gibt gute Hinweise.

Die Synoptiker setzen übereinstimmend die Tempelaktion an den Schluss des öffentlichen Wirkens und den Beginn der Leidensgeschichte Jesu. Das könnte auf den vormarkinischen Passionsbericht zurückgehen und ist sicherlich auf dem Wege über Markus zu Matthäus und Lukas gekommen. Wie *Markus* die Tempelaktion deutet, geht vor allem aus dem unmittelbaren Kontext hervor: Die Szene im Jerusalemer Tempel wird – wie in einer Sandwich-Technik – von zwei eigentümlichen Episoden gerahmt: Auf dem Weg von Betanien nach Jerusalem zu seiner Tempelaktion verflucht Jesus einen Feigenbaum (Mk 11,12ff); als Jesus am nächsten Tag wieder von Betanien nach Jerusalem wandert, ist der Baum verdorrt (Mk 11,20f); dies gibt Jesus Gelegenheit zu einer Jüngerbelehrung über das Gebet und den bergeversetzenden Glauben (Mk 11,22–25). Dieser engere Kontext weist auf die markinische Deutung der Tempelaktion hin: Das Absterben des Feigenbaumes, der Jesus keine Frucht gewährt, wird für den ältesten Evangelisten zum Zeichen für das Ende des Jerusalemer Tempelkults. Markus sieht Jesus als radikal prophetischen Tempelkritiker im Stile eines Jeremia, der durch seine Aktion aufdeckt, dass die Zeit des Tempels abläuft, weil er im »Kairos« der nahegekommenen Gottesherrschaft (Mk

1,15) zu einer »Räuberhöhle« (vgl. Jer 7,11 in Mk 11,17b) geworden ist. Diese Interpretationsrichtung bestätigt sich durch den weiteren Kontext. Die Endzeitrede (Mk 13) beginnt mit einer Prophetie über die Zerstörung des Tempels (13,1f), die für den Evangelisten im Jahre 70 n. Chr. historische Realität wird.

Über die Tempel*kritik* hinaus aber schafft die Aktion Jesu, wie Markus sie deutet, die Voraussetzung dafür, dass wieder das Heiligtum als »Haus des Gebetes für alle Völker« errichtet wird, gemäß jesajanischer Prophetie (vgl. Jes 56,7 in Mk 11,17a). In der folgenden Jüngerbelehrung über den Gebetsglauben wird diese Verheißung schon mit Leben erfüllt. Sie findet ihren gültigen Ausdruck im Rahmen des Berichtes vom Prozess vor dem Hohen Rat (14,55–64), wenn »falschen Zeugen« das Jesus-Wort in den Mund gelegt wird, er werde »diesen von Händen gemachten Tempel abreißen und nach drei Tagen einen anderen, nicht von Händen gemachten, aufbauen« (14,58). Damit ist deutlich genug auf die Gründung der Ekklesia im Tode und der Auferstehung Jesu angespielt.

Matthäus folgt im wesentlichen der markinischen Akoluthie, nimmt aber kleine, gravierende Veränderungen im Mikrokontext vor. Die Feigenbaumverfluchung rahmt nicht mehr die Tempelaktion, sondern ist ihr nachgestellt (21,18f). Dadurch kann Matthäus es – anders als Markus – so darstellen, dass Jesus bei seinem messianischen Einzug in Jerusalem (21,1–11) direkt zum Heiligtum gelangt (21,12–17): Als der verheißene Friedenskönig (vgl. Sach 9,9 in Mt 21,5) macht er aus der »Räuberhöhle« einen Bezirk des Gottesfriedens. Dem entspricht die redaktionelle Erweiterung der Tempel-Szene durch ein kleines Heilungssummarium (21,14) und ein Streitgespräch mit Hohenpriestern und Schriftgelehrten (21,15ff) über den Jubel, den gerade die Kleinen und Verachteten Jesus entgegenbringen – eine Explikation jenes Prophetenwortes, das Matthäus zufolge Jesu Einstellung zum Kult auf den Punkt bringt: »Barmherzigkeit will ich, nicht Opfer« (Hos 6,6; vgl. Mt 9,13; 12,7).

Lukas lässt das Feigenbaumwunder aus und setzt an seine Stelle ein Wort der Trauer Jesu über den Untergang Jerusalems (19,41–44). Dem entspricht die lukanische Version der Tempelszene (19,45–48): Durch die Austreibung der Händler macht Jesus das Heiligtum zur Stätte eines messianischen Lehrens, das Jerusalem noch einmal die Chance zur Umkehr einräumt. Die Urgemeinde wird den Spuren Jesu folgen, wenn sie »Tag für Tag einmütig im Tempel verharrt« (Apg 2,46).

Johannes stellt im Gegensatz zu den Synoptikern die Tempelszene nicht an den Schluss, sondern an den Beginn des Wirkens Jesu (2,13–22). Dies geschieht, weil der Evangelist das Typische gerade dieser Aktion für das Gesamt des Wirkens Jesu sieht und herausstreicht: Alles, was im Folgenden von Jesus erzählt werden wird, schlüsselt sich von der Tempelszene her auf. Einerseits zeigt sie – mit Hilfe des Zitates von Ps 69,10 (»Der Eifer für dein Haus wird mich verzehren!«) – die Theozentrik Jesu, seine Einheit mit Gott, dem Vater; andererseits weist das Tempellogion 2,19 (»Reißt diesen Tempel nieder, und in drei Tagen werde ich ihn wieder aufrichten!«) Jesus selbst als den Ort der wahren Anbetung Gottes »in Geist und Wahrheit« (4,23) aus.

Bei allen vier Evangelisten ist die Tempelszene eine Schlüsselperikope. Betont Markus die Dialektik von Gericht und Heil, die im Zeichen der nahekommenden Gottesherrschaft zur Konstituierung der Jüngergemeinde aus allen Völkern führt, so Matthäus den wunderbaren Wechsel der Verhältnisse, den Jesus im Namen Gottes zugunsten der Schwachen vornimmt, und Lukas die Initiative Jesu, am Vorort Israels der Stimme Gottes Gehör zu verschaffen, während Johannes Jesus selbst als *das* Heiligtum Gottes vorstellt, in dem Gott die Welt heiligt und in dem die Glaubenden Gott anbeten können. (Bei der Frage nach dem historischen Sinn der Tempelaktion braucht nicht der Ehrgeiz darauf gerichtet sein, eine Deutung gegen die andere auszuspielen; sinnvoller scheint die Prüfung, inwieweit sie vom zentralen Thema und vom Lebensgeschick Jesu her als Widerspiegelungen des Geschehens gesehen werden können, das sein Gedächtnis bestimmt.)

4 Formanalyse

4.1 Die Aufgabe

Jede mündliche oder schriftliche Äußerung – jeder »Text« – hat eine bestimmte sprachliche Form. Zu dieser Form tragen verschiedene Aspekte und Facetten eines Textes bei.

Erstens: Texte bestehen aus Sätzen, die ihrerseits aus Wörtern gebildet sind. Zur Form gehört, welchen Wortschatz ein Text enthält, wie und in welchen grammatischen Formen diese Wörter zu Sätzen gruppiert und wie schließlich die Sätze zum Textganzen angeordnet sind (sprachlich-syntaktische Merkmale).

Zweitens: Texte haben einen Inhalt, ein Thema, machen Sinn. Die Wörter, die der Text verwendet, bringen ein Spektrum möglicher Bedeutungen mit, das jedoch nicht in seiner ganzen Breite, sondern in einem bestimmten Ausschnitt zur Geltung kommt, aber auch neue Aspekte gewinnen kann. Der spezifische Sinn entsteht dadurch, dass die Wörter durch den Text und seine sprachlich-syntaktische Gestalt zueinander in Beziehung gesetzt werden (semantische Merkmale).

Drittens: Texte sind Teil eines Kommunikationsgeschehens. Sie haben einerseits eine »Stimme«, implizieren das Bild eines Autors, der im Text das Wort ergreift und mit ihm bestimmte Absichten verfolgt. Sie setzen andererseits einen Leser voraus, der mit dem zum Textverständnis notwendigen Wissen ausgestattet ist, der bestimmte Erwartungen und Vorurteile hegt, von dem der Text bestimmte Reaktionen auf das Gesagte erwartet usw. (pragmatische Merkmale).[25]

Das Gemeinte sei mit einem kurzen Beispiel illustriert. Der Satz »Sind die Semmeln teuer?« ist syntaktisch eine Frage. Anders eingeordnet (»Die Semmeln sind teuer.«) ergäben dieselben Worte einen anderen Sinn. Hinsichtlich der Wortwahl ist beachtlich, dass der Satz von

»Semmeln«, nicht von »Brötchen« redet. Dies legt Vermutungen über die Herkunft des Sprechers nahe (Bayern, Österreich?). Das Adjektiv »teuer« wird im finanziellen Sinne verwendet; die prinzipiell auch mögliche Bedeutung »lieb, wertvoll« ist in diesem Fall nicht gemeint. Pragmatisch fordert die Frage den Angesprochenen zu einer Antwort auf. Der Fragesteller selbst scheint keine Erfahrungen mit den Preisen von Semmeln zu haben. Es könnte sich um ein Kind handeln.

Unter »Form« werden im Folgenden in erster Linie sprachlich-syntaktische, darüber hinaus jedoch auch rudimentäre semantische und pragmatische Merkmale eines Textes gefasst. Die Systematik der Analyse wird sich allerdings nicht nach diesen drei Kategorien ausrichten, sondern den am Text unmittelbar erkennbaren Strukturen Laut, Wort, Satz und (Gesamt-)Text folgen.

Die Formanalyse beschreibt (so sorgfältig wie möglich und sinnvoll) die sprachliche Form eines Textes (bzw. Textausschnitts), besonders den Wortschatz, den Satzbau und die Struktur.

Die Aufgabe bezieht sich primär auf den als Einheit betrachteten Endtext der neutestamentlichen Schriften. Sofern jedoch ältere Traditionsstufen des Textes rekonstruierbar sind, können in analoger Weise auch sie zum Gegenstand der Formanalyse werden.

4.2 Das methodische Verfahren

Die Wege der Formanalyse sind so unterschiedlich wie die Texte selbst. Eine Standardisierung des Verfahrens ist noch weniger möglich als bei den anderen exegetischen Methoden. Um die individuelle Textgestalt zu beschreiben, ist es in der Regel nicht notwendig, weitgehend sogar unsinnig, alle im Folgenden aufgeführten Punkte abzuhaken. Der Abschnitt gibt vielmehr einen Katalog *möglicher* Ansatzpunkte an die Hand, von denen je nach dem zu untersuchenden Text einmal dieser, einmal jener Hinweis der Schlüssel zur Analyse der Text-Struktur sein kann.

Von daher ist es günstig, die Arbeit zuerst an besonderen Auffälligkeiten eines Textes zu orientieren (z. B. *Parallelismus membrorum*; Refrain; Ge- und Verbote; Begründungen; Leitworte).

(1) Lautebene

Nur auf der Basis des griechischen Urtextes lassen sich phonetische Auffälligkeiten beobachten. (Freilich gibt es im Neuen Testament lediglich eine überschaubare Anzahl von Texten, bei denen dies der Fall ist.)

▪ *Gibt es Alliterationen, Assonanzen, gar Reime oder metrische bzw. gebundene Sprache?*

Ein gutes Beispiel bildet die erste Strophe der matthäischen Seligpreisungen mit ihren π-Alliterationen, insbesondere im jeweiligen Auftakt der Verse (Mt 5,3–6).

Phonetische Auffälligkeiten lassen regelmäßig vermuten, dass ein Text besonders sorgfältig geformt worden ist, sei es, weil er einen Höhepunkt oder betonten Abschluss im Gedankengang anzeigen soll (vgl. 1Kor 3,21ff; Röm 11,33–36), sei es, dass er als poetischer Text, etwa als Lied im Gottesdienst, gebraucht (vgl. 1Tim 3,16) oder als leicht zu memorierendes Glaubensbekenntnis gestaltet worden ist (vgl. 1Kor 8,6).

(2) Wortebene

Auf der Wortebene geht es im Rahmen der Formanalyse darum, den speziellen Wortgebrauch zu untersuchen. Sach- und fachgerecht kann auch diese Untersuchung nur am griechischen Urtext angestellt werden. (Vorausgesetzt ist dabei, dass die lexikalische Bedeutung der Wörter im wesentlichen geklärt und ihr kontextueller Sinn im Grundsatz festgestellt ist.) Allenfalls bilden sehr wortgetreue Übersetzungen – wie das »Münchner Neue Testament«[26] – die Chance, am deutschen Text wenigstens einen ungefähren Eindruck zu gewinnen.

Folgende Fragen können weiterhelfen (noch einmal: wenn sie nicht schematisch, sondern intelligent, d. h. textkonform und ergebnisorientiert gestellt werden):

Analyse

▪ *Welchen Wortschatz hat der Text?*

Werden bestimmte Worte mehrmals verwendet? Finden sich Synonyme für einen Begriff oder Kontrastbegriffe? Gibt es auffällige Unterschiede im Wortschatz in verschiedenen Abschnitten des Textes? Begegnen Vorzugsvokabeln eines Autors? Welches sind die Leitwörter und Schlüsselbegriffe des Textes? Aus welchem Kulturraum stammen sie (AT; Judentum; Hellenismus etc.)? Verwendet der Text einfache Wörter der Umgangssprache oder gehobene, womöglich theologisch und philosophisch gefüllte Begriffe? Hilfsmittel sind Konkordanzen sowie philologisch-theologische Wörterbücher und Lexika.

▪ *Begegnen bestimmte Wörter in festen, formelhaften Verbindungen?*

Handelt es sich dabei um typische »Phrasen« des betreffenden Autors bzw. der jeweiligen Schrift? In welchen Zusammenhängen begegnen sie sonst? Oder handelt es sich um geprägte Wendungen, die auch in anderen Schriften resp. Traditionsräumen begegnen? (Hilfsmittel sind erneut Konkordanzen, Lexika und Wörterbücher.)

▪ *Welche Wortarten kommen vor? Welches Gewicht haben sie im Text?*

Taucht eine Wortart (z. B. Adjektive oder Pronomen) gehäuft auf? Sind vor allem Substantive oder Verbformen die Bedeutungsträger? Wie häufig begegnen Partizipien? In welchem Verhältnis stehen sie zu finiten Verben?

▪ *In welchen grammatischen Ausprägungen begegnen die Wörter, besonders die Verben?*

Welches Tempus herrscht vor? Gibt es auffällige oder gehäufte Wechsel im Tempus? Welcher Modus herrscht vor? Finden sich viele Imperative? Gibt es auffällige Konjunktiv- oder Optativ-Formen?

▪ *Werden Worte in ungewöhnlichem oder uneigentlichem Sinn verwendet?*

Finden sich Formen bildhafter Sprache (Metapher, Bildwort, Vergleich), Personifizierungen, Verfremdungen, Übertreibungen? Gibt es Anzeichen für Ironie?

(3) Satzebene

Auf der Satzebene werden einerseits die Verteilung der Satzarten untersucht (Haupt- und Nebensätze; Aussage-, Frage-, Ausrufungssätze), andererseits die Verbindung der Sätze (Wiederholungen, Antithesen, Satzreihen, Argumentationsketten).

▪ *Welche Satzarten kommen vor?*

Gibt es Häufungen (z. B. von Fragesätzen) oder auffällige Wechsel in den Satzarten (z. B. zwischen direkter und indirekter Rede)?

▪ *Wie sind die Sätze miteinander verknüpft?*

Welche verbindenden Partikeln und Konjunktionen kommen vor? Welches logische oder temporale Verhältnis bringen sie zum Ausdruck? Speziell: Wo wird vom Üblichen abgewichen?

▪ *Gibt es besonders kunstvoll gestaltete Sätze und Satzreihen?*

Sind Sätze ungewöhnlich gebaut (unübliche Wortstellung; unvollendete Sätze [sog. Anakoluth])? Finden sich Antithesen? Wiederholt sich der Satzbau in auffälliger Weise (Parallelismus)?

(4) Textebene

Die Sätze eines Textes sind in der Regel zu größeren Untereinheiten innerhalb des Gesamttextes gruppiert, die jeweils eine ganz spezifische Funktion im Textganzen erfüllen. Zu untersuchen ist die Gliederung des Textes, d. h. einerseits die Abgrenzung der Einheiten, andererseits ihre Abfolge und ihr Zusammenhang. Besondere Aufmerksamkeit verdienen der Anfang und das Ende eines Textes. Darüber hinaus ist mit Blick auf den Gesamttext nach den (durch Wortfelder u. ä. repräsentierten) thematischen Grundlinien sowie nach den kommunikativen Merkmalen des Texts zu fragen. Die Analyse auf dieser Ebene des Textes nimmt viele zuvor gemachte Einzelbeobachtungen zusammen und wertet sie aus; sie leitet damit schon deutlich über zur Interpretation.

▪ *Was stiftet den Zusammenhalt und die Einheit des Textes?*

Was tragen Konjunktionen, Pronomina und Proformen (d. h. Worte, die andere, vorher genannte Ausdrücke oder Sachverhalte vertreten,

z. B. »deswegen«, »darüber«) zum Zusammenhalt des Textes bei? Gibt es Rahmungen, Wiederholungen, Wiederaufnahmen, Kehrverse? Liegt ein einheitlicher Stil vor? Werden dieselben Themen behandelt? Wird dasselbe Geschehen berichtet, treten dieselben Personen auf, am selben Ort, …? Richtet sich das Wort an dieselben Adressaten? Ist der Tonfall und die Art und Weise der Ansprache homogen?

■ *Welche größeren Abschnitte lassen sich im Text unterscheiden?*
Markiert der Gebrauch von Konjunktionen eine Gliederung? Finden sich Eröffnungs- und Überleitungsphrasen, Schlussfloskeln? Lassen sich Überschriften und Leitsätze ausmachen? Gibt es markante Unterschiede im Stil? Gibt es im Text Themenwechsel oder vergleichbare Einschnitte (z. B. Orts- und Personenwechsel oder Zeitsprünge in Erzählungen)? Wird im Text selbst direkt zu Aufbau und Anlage Stellung genommen?

■ *Wie sind diese Abschnitte angeordnet und aufeinander bezogen?*
Gibt es kehrversartige Wiederholungen oder Rahmungen? Ist der Text chiastisch (Satz- oder Textteile entsprechen sich »überkreuz«: A B B' A') oder konzentrisch (sich entsprechende Textteile sind von außen nach innen ineinander geschachtelt: A B C B' A') angeordnet? Wird durch den Umfang oder durch gehäufte stilistische Besonderheiten ein bestimmter Textteil als Zentrum/Schwerpunkt des Textes ausgewiesen? Lassen sich argumentative (z. B. These – Begründung), erzählerische (z. B. Tat – Krise – Lösung), rhetorische (*exordium – narratio – argumentatio – peroratio*) oder poetische (Strophenform) Muster oder Strategien als Bauprinzip des Textes ausmachen?

■ *Welche Sinnlinien und Wortfelder werden im Text entwickelt?*
Welche Felder inhaltlich verwandter, miteinander assoziierter, aber auch einander entgegengesetzter Worte bestimmen den Text oder größere Abschnitte? (Sie repräsentieren z. B. ein bestimmtes Metier oder Milieu, ein bestimmtes theologisches Thema o.ä.) Gibt es Motive, Bilder, Vorstellungen, die (in Variationen) den ganzen Text durchziehen? Werden theologisch gehaltvolle Metaphern im Text »ausgesponnen«?

■ *Wie kommen textexterne Faktoren (Autor, Adressaten, Situation, Quellen) im Text vor?*
Werden Autor und Adressaten explizit genannt? Welches Bild vom Autor, seiner Person und seinen Absichten zeichnet der Text? Wie steht

der implizite Autor zum Gegenstand des Textes, wie zu den Adressaten? Welche Voraussetzungen macht der Text an das Wissen und die Einstellungen der Leser? Wie ist ihr Verhältnis zum Thema des Textes? Wird im Text auf Ereignisse oder Situationen aus der Welt des Autors oder der Adressaten Bezug genommen? Werden dem Text zugrunde liegende Ereignisse oder Quellen genannt?

- *Welche Kommunikationsabsicht hat der Text?*

Informiert der Text? Legt er ein Bekenntnis ab? Will er die Leser zum Nachdenken anregen? Zielt er auf ein bestimmtes Verhalten? Welche sprachlichen Mittel setzt er ein, um diese Wirkung zu erzielen?

4.3 Die Analyse erzählender Texte

Die oben genannten Fragen sind prinzipiell für alle Texte anwendbar. Für Texte bestimmter Gattungen (s. u. Gattungsanalyse) sind dabei einzelne Aspekte besonders ergiebig oder es lassen sich noch einmal besondere Beobachtungskriterien nennen. Besonders weit entwickelt ist innerhalb der Exegese die Analyse erzählender Texte.[27] Sie ist für weite Teile des Neuen Testaments, die Evangelien und die Apostelgeschichte, von entscheidender Bedeutung.

Eine Erzählung lässt sich unter zwei Aspekten betrachten. Zum einen erzählt sie eine Geschichte. Die Ereignisse dieser Geschichte, die beteiligten Personen und ihre Handlungen sowie die Situation, in der sich das Erzählte abspielt, können zum Gegenstand der Untersuchung gemacht werden. Zum anderen lässt sich aber auch die Art und Weise betrachten, wie die Geschichte erzählt und dem Leser präsentiert wird. In der Terminologie des *narrative criticism* wird der erste Aspekt ›story‹, der zweite ›discourse‹ genannt.

(1) Die Inhaltsebene *(story)*

Jede Erzählung entwirft eine eigene kleine Welt mit Personen, Geschehnissen, Orten usw. Die Welt der Erzählung ist mit der Realität der Leser nicht identisch. Sie gehorcht Regeln und Gesetzen, die mit ihren alltäglichen Erfahrungen nicht notwendig übereinstimmen und ihnen entfernte Welten erschließen. So können z. B. in Fabeln Tiere sprechen und in Visionsberichten tut sich der Blick in den Himmel auf; aber auch Berichte von historischen Ereignissen liegen schon bald außerhalb des Horizonts der meisten Leser.

Für die Pragmatik mancher Erzählungen (z. B. der Gleichnisse) ist der fiktive Charakter von großer Bedeutung: Viele Erfahrungen und Erkenntnisse, die im Lesen oder Hören von Erzählungen gemacht oder gewonnen werden, beruhen gerade darauf, dass dem eigenen alltäglichen Erfahrungshorizont mit seinen Regeln, Notwendigkeiten und Zwängen in der Erzählung eine alternative Welt mit ganz anderen Gesetzen und Prioritäten gegenübergestellt wird. Andere Erzählungen berichten von historischen Ereignissen oder Personen (z. B. die Passionsgeschichten). Allerdings geschieht dies nie ohne Distanzierung, Stilisierung und (direkte oder indirekte) Interpretation. Auch eine Erzählung, die Geschichte wiedergibt, entwirft eine erzählte Welt (die sich freilich nicht nur der Phantasie des Erzählers verdankt, sondern vor allem durch das erzählte Geschehen strukturiert ist). Ein wichtiger Schritt narrativer Analyse ist es deshalb, die Welt der Erzählung in ihrer Eigenart umfassend zu beschreiben. Als deren wichtigste Bausteine sollen im Folgenden die Ereignisse, die Personen sowie der situative Rahmen besprochen werden.

Die Ereignisse

Wesentlich für eine Erzählung ist, dass sie von Zuständen und Ereignissen berichtet, die in einem inneren Zusammenhang stehen. Eine Aufreihung von Fakten macht noch keine Erzählung; erst durch eine logische oder dramatische Verknüpfung entsteht eine Geschichte. Zur Beschreibung des Ereigniszusammenhangs einer Erzählung können folgende Kriterien herangezogen werden:

■ *Welche Wirkungs- und Ereigniszusammenhänge entfaltet die Erzählung?*

Welche Fakten und Ereignisse werden berichtet? Welche hängen nach dem Ursache-Wirkungs-Schema zusammen? Welche überraschenden Wendungen nimmt die Erzählung? Welche Ereignisse bilden das Zentrum des Geschehens? Welche liegen am Rand und haben eher unterstützende und ergänzende Funktion?

■ *Was treibt die Ereignisse voran?*

Welches Geschehen löst die erzählte Ereignisfolge aus? Welche Konflikte und Auseinandersetzungen zwischen den Personen einer Erzählung, welche ungelösten Probleme und Aufgaben, welche Mangel- und Notsituationen u.ä. bestimmen die Geschichte? Wird der Konflikt beendet, die Aufgabe erfüllt, die Not behoben? Oder bleiben sie bestehen? (Solche »losen Fäden« bilden für die Leser einen Ansatzpunkt, die Erzählung weiterzuspinnen.)

■ *In welchem Verhältnis stehen Erzählung und Rede?*

Wo wird Rede wörtlich zitiert und wo nicht? Welche Funktion erfüllt das Zitieren (Besprechen oder Kommentieren der Ereignisse; Schilderung der Situation; Charakterisierung von Personen; …)? Welche – eventuell abweichende – Beurteilung der Ereignisse wird in der Rede geboten? Welchen Beitrag leistet die Rede zur Gestaltung von Situationen und zur Bewältigung von Konflikten?

Die Personen

Neben den Ereignissen wird eine Erzählung durch Personen konstituiert, wobei mit diesem Begriff nicht nur menschliche Akteure, sondern alle Größen in der Erzählung gemeint sind, die Träger von Handlungen (einschließlich der Reden) sind und denen Absichten, Interessen oder Urteile zugeschrieben werden. In den Evangelien und der Offenbarung treten neben den Menschen Dämonen, Engel, Gott oder der auferstandene Christus als Personen auf. Auch Gruppen wie das Volk oder die Jünger können geschlossen als eine Person agieren. Zu untersuchen ist sowohl, welche Rolle sie innerhalb der Erzählung spielen, als auch, welche Bedeutung sie für die Adressaten gewinnen sollen.

- *Welche Personen agieren in der Erzählung?*

Wer tritt auf? Welche Handlungsweisen zeigen die einzelnen Figuren, welche Eigenschaften werde ihnen zugeschrieben? In welchen Konstellationen treten sie auf?

- *Wie werden die Figuren der Erzählung charakterisiert und bewertet?*

Welche Personen werden als Identifikationsfiguren, welche als Vorbilder, welche als abschreckendes Beispiel vorgestellt?

Der situative Rahmen

Personen und Ereignisse sind in einer Erzählung in der Regel zeitlich und geographisch situiert. Auch das Milieu, in dem die Erzählung spielt, ist vielleicht erkennbar. Angaben solcher Art können verschiedene Funktionen erfüllen:

- *Welche Angaben zum situativen Rahmen macht der Text und welche Funktionen erfüllen sie?*

Dienen sie der Ausschmückung einer Erzählung? Sind sie ein Mittel zur Strukturierung des Textes (bes. Ortswechsel und Zeitsprünge)? Sind sie konstitutiv für das Verstehen der Erzählung? Dienen sie der Charakterisierung einer Person? Haben sie symbolische Bedeutung und zeigen einen tieferen Sinn an?

(2) Die Ausdrucksebene (*discourse*)

Die Erzählung wird den Lesern in einer Weise präsentiert, die ihre Wahrnehmung der erzählten Welt, ihre Identifikation mit den handelnden Personen, ihr Urteil über das Geschehen usw. lenken und beeinflussen soll. Folgende Aspekte der Rhetorik einer Erzählung können betrachtet werden:

Erzähler – Erzählperspektive – Adressaten

Die Fragen nach dem impliziten Autor (resp. Erzähler) und den impliziten Adressaten lassen sich analog zu den Überlegungen oben auch an Erzählungen richten. Besondere Aspekte bei Erzählungen sind:

Formanalyse

- *Wie werden die Informationen der Erzählung »verwaltet«?*

In welcher Reihenfolge und Frequenz werden die Ereignisse berichtet (chronologisch, mit Rück- oder Vorgriffen, mit Wiederholungen, ...)? Was wird ausführlich berichtet, was nur knapp? Gibt es Lücken im berichteten Geschehen? Findet erkennbar eine Auswahl der Informationen statt?

- *Wird das Geschehen vom Erzähler erklärt, kommentiert oder bewertet?*

Welchen Standpunkt nimmt er ein? Welche Urteilsmaßstäbe werden sichtbar?

- *In welcher Perspektive stehen Autor und Adressaten zu den erzählten Ereignissen?*

Sind es fiktive Geschehnisse? Wird die eigene vergangene oder gegenwärtige Geschichte erzählt? Handelt es sich um Vorhersagen zukünftiger Ereignisse?

Ein besonderer Fall liegt vor, wenn *innerhalb* einer Erzählung erzählt wird, so dass Erzähler und Hörer von Geschichten auftreten. Ein Beispiel sind die Gleichnisse in den Evangelien.[28] Sie sind Teil der erzählten Welt. Allerdings kann ihre erzählte Kommunikation auf die Interaktion zwischen Text und Adressaten hin geöffnet sein. So richtet sich Jesus nach dem Matthäusevangelium mit seinen Gleichnissen immer wieder nicht nur an seine erzählten Hörer wie die Jünger oder die versammelte Volksmenge, sondern spricht Fragen und Themen an, die erst mit Blick auf die Adressaten des Evangeliums, also die Zeit der Kirche, unmittelbar bedeutsam werden (vgl. z. B. die Gleichnisse der »Gemeinderede« in Mt 18). Vielfach bieten überdies die erzählten Hörer Identifikationsmöglichkeiten für die Leser des Evangeliums.

Narrative Muster und literarische Stilmittel

Um in der Erzählung Akzente zu setzen, Wichtiges hervorzuheben, Zusammenhänge aufzuzeigen oder die Aufmerksamkeit der Leser zu erregen, stehen eine Reihe von erzählerischen Mustern und Figuren zu Verfügung, z. B.: Wiederholungen;

kontrastierende oder vergleichende Gegenüberstellung von Figuren, Verhaltensweisen, etc.; Rahmungen, Inklusionen, Verschachtelungen; Steigerungen (Klimax); Zusammenfassungen; Zwischenfragen oder rhetorische Fragen; Kommentare zum Erzählten.

Ein Autor kann in seinem Text nicht nur die Aufmerksamkeit auf bestimmte Punkte lenken, er kann auch Distanz zum Erzählten schaffen, die Leser zum Nachdenken über den Gang der Ereignisse oder die Aussage von Personen anregen oder tiefergehende Sinnlinien aufzeigen. Mittel, die in diesem Sinn Distanz zum Erzählten bzw. zur Erzähloberfläche schaffen, sind z. B.: Ironie; Übertreibungen und andere extravagante Züge; Metaphorik und andere bildliche Redeweisen; Fragen, die im Text unbeantwortet stehen bleiben; Missverständnisse, die Personen der Erzählung unterlaufen.

4.4 Der Ertrag und der Zusammenhang mit anderen Methoden

Am Ende der Formanalyse steht die Beschreibung der sprachlichen Gestalt des Textes. Die Analyse der Text-Struktur (Aufbau; Gliederung) erlaubt Rückschlüsse auf den Argumentationsduktus bzw. das Erzählgefälle und damit auch auf den Schwerpunkt und den Höhepunkt einer Einheit. Die Bestimmung von Sinnlinien, Wortfeldern und Motivketten gibt einen Einblick in die Themen und theologischen Leitvorstellungen des Textes. Die Untersuchungen der Verbformen, Satzarten sowie des Adressatenbezuges eines Textes erlauben Rückschlüsse auf seine Interessen und Wirkabsichten. Von daher ist die Formanalyse eine entscheidende Voraussetzung der Interpretation.

Sie bildet die Grundlage für die Gattungsanalyse und zeigt mit den Sinnlinien und Wortfeldern wichtige Anknüpfungspunkte für die Motivanalyse auf. Die Fragen nach dem Adressatenbezug, dem impliziten Autor und der kommunikativen Absicht geben wichtige Fingerzeige für die Situationsanalyse.

Schließlich vermag die Formanalyse die Arbeit der Traditionsanalyse vorzubereiten und zu unterstützen. Einerseits macht sie sowohl den Zusammenhalt des Textes als auch Brüche im Text, also mangelnden Zusammenhalt, erkennbar. Solche Beobachtungen sind der Ausgangspunkt traditionsanalytischer Arbeit. Zum anderen können die in der Traditionsanalyse rekonstruierten Vorlagen mit den Mitteln der Formanalyse daraufhin befragt werden, ob sie hinreichend abgerundet sind (oder im Falle von Fragmenten: es ursprünglich waren), um selbständig überliefert worden zu sein.

Wenn – wie meistens – Textausschnitte und nicht ganze Schriften Gegenstand der Formanalyse sind, bedarf sie der Ergänzung durch die Kontextanalyse.

4.5 Ein Beispiel: Das Gleichnis vom barmherzigen Samariter (Lk 10,30–37)

Das Samariter-Gleichnis[29] ist eine Erzählung in der Erzählung. Lukas verbindet es mit der Diskussion über das Doppelgebot (10,25–29). Durch die Beispielerzählung beantwortet Jesus die Frage des Schriftgelehrten: »Wer ist mein Nächster?« (10,29). Die narrative Analyse kann helfen, sowohl die Gleichniserzählung als auch ihre Einbettung in den Kontext zu erhellen.

Der *Schauplatz* prägt die Geschichte des Samariter-Gleichnisses. Es spielt in Judäa. Es beginnt auf der Straße mit einem Verbrechen, und es endet in einer Herberge mit der Genesung des Opfers. Die Straße ist bekannt: Sie führt von Jerusalem nach Jericho; sie wird, da viele Priester und Leviten in Jericho wohnen, nicht selten vom Tempelpersonal benutzt. Die Straße ist aber auch berüchtigt: Sie wird noch in jesuanischer Zeit von Räuberbanden heimgesucht. Die Herberge ist ein Gasthaus, vielleicht eine Art Karawanserei; sie bietet dem Verletzten Schutz; sie wird (Krankenhäuser gibt es nicht) zum Ort seiner Pflege.

Analyse

Die *Ereignisse* sind von schlichter Dramatik. Die Geschichte erzählt, wie der Mann, der halbtot auf der Straße liegt, in die schützende Herberge gelangt. Den Ausgangspunkt bildet die Not des Überfallenen. Sie wird recht ausführlich und sehr eindrucksvoll dargestellt (V. 30). Das Interesse gilt nicht der Brutalität der Räuber, sondern dem Elend des Menschen. Die weitere Struktur des Gleichnisses ist dadurch geprägt, dass drei Passanten hinzukommen, alle per Zufall (10,31). In betonter Wiederholung heißt es von allen dreien, dass sie (von Jerusalem) herabkamen (10,31.33) und den Mann dort liegen sahen (10,31.32.33). Die beiden ersten, so wird in denkbarer Knappheit erneut wörtlich wiederholt, »gingen vorüber«. Der dritte aber, so wird nun wiederum in großer Ausführlichkeit erzählt, hatte Mitleid (10,33), ging zu ihm (10,34) und sorgte für ihn in umfassender und vorausschauender Weise (10,34f). Dadurch, so wird in Aussicht gestellt, wird die Todesnot des Überfallenen behoben.

Entscheidend ist die Konstellation der *Personen*. Das Opfer steht im Mittelpunkt, wird aber an keiner Stelle aktiv. Er ist nicht Subjekt, sondern Objekt der Handlung. Dass er ein Jude ist, wird nicht eigens gesagt, darf aber wegen des Schauplatzes angenommen werden (Lukas hat es so gesehen). Protagonisten sind der Priester, der Levit und der Samariter. Alle drei werden nur durch knappste Angaben zu ihrer Identität (V. 31: »ein Priester«; V. 32: »ein Levit«; V. 33: »ein Samariter«) und durch ihr Verhalten gekennzeichnet. Jedes ausschmückende Attribut fehlt. Nur an einer Stelle wird ein Motiv genannt: dass der Samariter aus Mitleid gehandelt habe (V. 33). Dadurch wird umgekehrt die Erbarmungslosigkeit der beiden anderen hervorgehoben.

Sowohl der Priester als auch der Levit geraten durch die Dramatik der Erzählung in ein schlechtes Licht. Das Verhalten des Priesters mag sich mit dem Gebot kultischer Reinheit erklären, das ihm die Berührung eines Toten, der nicht aus seiner unmittelbaren Verwandtschaft stammte, strikt untersagt (Lev 21,1–4). Freilich wäre dann die Geschichte dazu angetan, nicht Verständnis für den Priester zu wecken, sondern die Unmenschlichkeit der sakralrechtlichen Vorschrift in der gegebenen Todesgefahr des Opfers zu unterstreichen. Doch ist es fraglich, ob über die Figuren der beiden Kultdiener speziell das alttestamentliche und frühjüdische Reinheitsgesetz kritisiert werden soll. Denn für den Leviten gilt die priesterliche Vorschrift nicht. Ihn hätte die Berührung eines Toten nach Num 19,10–13.16 nur für sieben Tage unrein gemacht; da er sich aber gleichfalls auf dem Weg *von* Jerusalem herab *nach* Jericho befindet, also nicht in Kürze seinen Tempeldienst antreten muss, hätte es für ihn aus den Gesetzesvorschriften keinen Grund gegeben, ohne Hilfeleistung an dem »wie Toten« vorüberzugehen. In der Logik der Erzählung ist der Kontrast zwischen dem Priester und dem Leviten als herausragenden Vertretern des Judentums und dem Samariter entscheidend.

Er wird zum großen Vorbild. Diese Rollenverteilung ist eine Provokation. Denn zwischen Juden und Samaritern herrscht – auch zur Zeit Jesu – traditionelle Feindschaft (vgl. Joh 4,9). Das Gleichnis aber mutet seinen jüdischen Hörern zu, einen Samariter als nachahmenswertes Vorbild anzusehen, während der Priester und der Levit, von denen gerade vorbildliches Verhalten zu erwarten gewesen wäre, kläglich versagt haben. Gerade dies gibt zu verstehen, dass zwischen Gottesliebe und Nächstenliebe kein Konkurrenzverhältnis, sondern eine innere Einheit besteht.

Im lukanischen Kontext ist diese Konstellation ausgenutzt. Der Gesetzeslehrer, der Jesus, um ihn zu versuchen (10,25), nach dem größten Gebot und, um sich zu rechtfertigen (10,29), nach seinem Nächsten fragt, steht aufgrund seiner Orientierung an der Tora (10,26) einem Priester und Leviten besonders nahe und einem Samariter besonders fern. Nachdem Jesus ihn aber bereits dazu gebracht hat, aus seinem »Gesetz« (10,26) selbst das Doppelgebot von Dtn 6,5 und Lev 19,18 zu rezitieren, führt ihn die Gleichniserzählung zur Anerkennung, dass gerade der Samariter sich »als der Nächste dessen erwiesen hat, der unter die Räuber gefallen war« (10,36f). Indem die Beispielgeschichte erläutert, was wahre Nächstenliebe ist und dass gerade der Samariter Barmherzigkeit erwiesen hat, erklärt sie auch, dass der »Nächste«, den es im Sinne von Lev 19,18 zu lieben gilt, nicht nur der jüdische Stammesgenosse ist, sondern jeder Notleidende, dem man helfen kann. So wird entscheidend, nicht mehr zu fragen, ob jemand – gerade noch oder gerade nicht mehr – »mein Nächster« ist (V. 29), den ich lieben soll, sondern selbst »zum Nächsten« derer zu werden, die »unter die Räuber gefallen« sind (V. 36).

Für die (wohl mehrheitlich heidenchristlichen) Leser des Lukasevangeliums verdeutlicht die Perikope samt der Gleichniserzählung nicht nur die unwiderstehliche Überzeugungskraft der ethischen Verkündigung Jesu; sie hören auch das Abschlusswort Jesu: »Geh, und tue desgleichen!« (10,37). Die folgenden Episoden mit Maria und Martha (10,38–42) und der Übergabe des Vaterunser an die Jünger (11,1–4; vgl. 11,5–13) werden auf ihre Weise zeigen, dass Frömmigkeit und Mitmenschlichkeit, Hören und Tun, Gebet und Barmherzigkeit in der Nachfolge Jesu untrennbar zusammengehören.

5 Gattungsanalyse

5.1 Die Aufgabe

Die Gattungsanalyse widmet sich einer Spezialfrage innerhalb der historischen Textanalyse. Ausgangspunkt ist die Feststellung, dass sich neutestamentliche, aber auch andere biblische, frühjüdische und hellenistische Texte in ihrer sprachlichen Form (und darüber hinaus manchmal auch thematisch) ähneln. Diese Ähnlichkeit kann in vielen Fällen durch die Existenz von ›Gattungen‹ erklärt werden. Gattungen (oder ›Textsorten‹) sind literarische Konventionen, wie ein Text zu gestalten ist.[30] Die Gattungsanalyse geht davon aus, dass Gattungen in erster Linie entstehen, weil wiederholt in ähnlichen Situationen Texte mit einer ähnlichen Funktion verfasst werden müssen. Die Gattungskonventionen enthalten quasi geronnene

Gattungsanalyse

Erfahrung damit, wie ein Text auszusehen hat, der den Erfordernissen einer solchen Situation gut entspricht. Die typische, häufig wiederkehrende Verwendungssituation, mit der die Gattung zusammenhängt, wird in der Exegese ›Sitz im Leben‹ genannt.

Gattungen erfüllen eine doppelte Funktion. Sie erleichtern einerseits die Produktion von Texten, weil sie dem Verfasser (meistens ungeschriebene) »Richtlinien« für die Gestaltung geben. Andererseits fördern sie auch die Rezeption, nicht nur weil der Text den Bedürfnissen der Situation gut entspricht, sondern auch weil die Leser wissen, was sie erwartet, und den Text so besser erfassen können.

Eine geläufige, seit vielen Jahrhunderten und Jahrtausenden vorkommende Gattung sind Briefe mit praktisch bedingten Merkmalen wie Absender- und Adressatenangaben, Datum, Grußformeln etc. (bis hin zu neuesten Spielarten mit eigenem Gepräge wie E-Mail oder SMS). Ihr Sitz im Leben ist die schriftliche Kommunikation zwischen räumlich getrennten Partnern. Ein Beispiel für eine schon auf den ersten Blick besonders stark formalisierte moderne Gattung sind Todesanzeigen. Hier ist die öffentliche Bekanntmachung eines Todesfalls der wiederkehrende Verwendungszusammenhang. Wie er die einzelnen Elemente der Form bestimmt (z. B. Name des Toten, Lebensdaten, Hinweise zu Trauerfeier und Bestattung, Namen der Hinterbliebenen und Traueranschrift), kann man sich schnell klarmachen. Besonders deutlich ist hier auch, wie das Formgerüst hilft, in einer schwierigen Situation einen Text zu formulieren. Umgekehrt setzen Todesanzeigen (ob in Briefen oder in der Zeitung) für die Leser sofort klare Signale, worum es geht.

Gattungen sind in ihrer Entstehung historisch bedingt. Sie haben einen »Sitz im Leben«. Sie werden durch das Vorbild ihres Gebrauchs, aber auch durch Bildung und Ausbildung weitervermittelt. Im Zuge solcher Weitervermittlung können Gattungen Wandlungen durchlaufen. Eine Veränderung in der Verwendungssituation zieht oft eine Änderung der Gattungsmerkmale nach sich. So sehen Geschäftsbriefe etwas anders aus als Privatbriefe, und eine E-Mail zeigt charakteristische Unterschiede zu einem per Post verschickten Brief.

Es kann auch zu einer gewissen Verselbständigung von Gattungen und ihren Merkmalen gegenüber der ursprünglichen Verwendungssituation kommen: Formmerkmale werden beibehalten, obwohl sie nicht (mehr) dem ursprünglichen kommunikativen Zweck dienen. Sie werden »nur« verwendet, weil der Text als einer bestimmten Gattung zugehörig gekennzeichnet werden soll. Das Kreuz in Todesanzeigen ist z. B. nicht immer Ausdruck für den christlichen Glauben des Verstorbenen und seine Hoffnung auf die Auferstehung, sondern oft nur »Markenzeichen« auf der Todesanzeige.

Für das Neue Testament (und andere traditionsabhängige Literatur) ist bedeutsam, dass ursprünglich eigenständige Gattungen als Teile größerer Werke begegnen, wie z. B. Wundererzählungen in den Evangelien und der Apostelgeschichte, Gottesdienstlieder in den Paulusbriefen und der Johannesapokalypse. Die Texte bringen nicht nur Gattungsmerkmale aus ihrer »Vorgeschichte« mit, sie werden oft vom Redaktor als Gleichnis, als Wundererzählung, als Glaubenskenntnis, d. h. mit einem Bewusstsein für ihre Zugehörigkeit zu einer Gattung behandelt. Statt ihres ursprünglichen ›Sitzes im Leben‹ haben diese Gattungen aber nun einen ›Sitz in der Literatur‹, sind Formelement der übergeordneten Gattung »Evangelium«, »Apostelgeschichte«, »Brief« oder »Offenbarung«. In einer »Geschichte der Gattung« muss das berücksichtigt werden.

Auch der »Sitz im Leben« wird dadurch verändert. Ursprünglich gilt er als eine der Gattung zugeordnete, ideale Größe, die als Abstraktion aus der Situationsanalyse *vieler Texte* gewonnen. Freilich hat jeder Einzeltext seine Besonderheiten. Erstens kann die individuelle Situation zwar Merkmale aufweisen, die zum Sitz im Leben der zugehörigen Gattung passen, daneben wird sie aber immer auch Individuelles und vielleicht sogar Untypisches umfassen. Zweitens kann sich durch einige der beschriebenen gattungsgeschichtlichen Vorgänge der Zusammenhang zwischen einer Gattung und ihren Merkmalen und der Verwendungssituation, der sie sich ursprünglich verdanken, weitgehend lösen. Rückschlüsse vom Sitz im Leben der Gattung, der ein Text zugeordnet wird, auf dessen individuelle Situation sind deshalb nur mit großer methodischer Sorgfalt möglich und stets hypothetisch.

Wenn Gattungen (resp. Textsorten) von einem literaturwissenschaftlichen Standpunkt aus betrachtet werden, ist die in der Exegese übliche starke Betonung des Sitzes im Leben eher ungewöhnlich. Gattungen sind, literaturwissenschaftlich betrachtet, primär ein literarisches Phänomen. Das Interesse der Exegeten am Sitz im Leben hat seinen Grund nicht zuletzt in forschungsgeschichtlichen Entwicklungen, die zu kennen oft hilfreich ist, wenn (ältere) exegetische Literatur zur Gattungsfrage benutzt wird. Die Gattungsanalyse ist (unter der Bezeichnung ›Formgeschichte‹) ursprünglich verwendet worden, um die mündliche Vorgeschichte eines Textes aufzuklären. Die Idee: Am Anfang der Überlieferung christlicher Traditionen steht deren Verwendung in Gottesdienst und Mission – und das heißt in regelmäßig wiederkehrenden Situationen. Unter der Annahme, dass in solchen Zusammenhängen mündlich überlieferte Texte besonders stark durch Gattungskonventionen geprägt sind (darauf deutet z. B. die Folkloreforschung hin), gibt die Kenntnis von Gattungsmustern ein Kriterium in die Hand, älteste Überlieferungsstufen zu rekonstruieren: Was nicht ins Gattungsschema passt, steht unter dem Verdacht, eine spätere Veränderung des Textes zu sein. Die gegenwärtige Situation der Gattungsanalyse steht im Erbe der Formgeschichte, interessiert sich aber mindestens gleichermaßen dafür, das Neue Testament auch in späteren Stadien seiner Überlieferung und nicht zuletzt in seiner Endgestalt in die antike (jüdische und pagane) Literaturgeschichte einzuordnen.

Die Gattungsanalyse hat die Aufgabe, zu untersuchen, in welchem Maße sich die Form des Textes dem Einfluss von Gattungen verdankt und welche Hinweise daraus für die Interpretation des Textes zu gewinnen sind. Auf dem Weg zu diesem Ziel stellen sich im wesentlichen vier Teilaufgaben.

1. **Der in seiner Form analysierte Text wird unter Berücksichtigung seines Themas einer bestimmten Gattung zugeordnet.**
2. **Die Form des Textes wird mit dem Formschema der Gattung verglichen.**

3. Der Text wird in die Geschichte der Gattung eingeordnet.
4. Der »Sitz im Leben« der Gattung wird für die Pragmatik und die Situation des Textes ausgewertet.

5.2 Das methodische Verfahren

In der Regel kann in der Gattungsanalyse auf eine bereits existierende, d. h. von der Forschung erarbeitete, freilich immer wieder kritisch zu prüfende Gattungs-Typologie zurückgegriffen werden.[31] Alternativ – oder zur kritischen Prüfung solcher Schemata – kann die Gattungsanalyse durch den Vergleich mit anderen Texten erfolgen, die derselben Gattung zuzuordnen sind. Die wesentlichen Merkmale einer Gattung lassen sich allerdings nur erkennen, wenn die Struktur mehrerer ähnlich angelegter, literarisch aber unabhängiger, biblischer wie außerbiblischer, möglichst zeitgenössischer Texte verglichen worden ist. Im Folgenden wird der erstgenannte Weg beschritten.

Die Frage nach der Gattung kann an den vorliegenden Endtext, aber auch auf jeder rekonstruierbaren Stufe seiner Überlieferungsgeschichte gestellt werden. Der Ablauf der Analyse ist im Grundsatz gleich. Zu beachten ist aber insbesondere, dass sich in Zuge der Überlieferung nicht nur der Wortlaut (und damit die sprachliche Form) des Textes möglicherweise verändert, sondern auch der Kontext ein jeweils anderer ist. Auf den ältesten Stufen sind manche Texte vielleicht sogar ohne literarischen Kontext, als sog. »kleine Einheiten« überliefert worden. Der in der Texttheorie geschilderte Zusammenhang zwischen einer Gattung und ihrem Sitz im Leben kommt im übrigen, wenn überhaupt jemals, dann nur in diesem Überlieferungsstadium ideal zum Tragen.

(1) Bestimmung der Gattung

Auf der Basis der Formanalyse ordnet die Gattungsanalyse den Text einer der (in der Forschung erarbeiteten) Gattungen zu. Zwei Leitfragen sind zu stellen:

- *Welches sind die typischen Formelemente und Themen der Gattung?*
- *Welche dieser Formelemente und Themen lassen sich im Untersuchungstext wiederfinden, so dass der Text dieser Gattung zuzuordnen ist?*

(2) Vergleich zwischen der individuellen Text-Struktur und dem Gattungsschema

So wichtig einerseits die Feststellung ist, welcher Gattung ein Text zugehört, so wichtig ist andererseits die Frage, wie das Gattungsschema durch den Text variiert wird. Sowohl die Übernahme als auch die Variation sprachlicher Konventionen der Textgestaltung prägen die Form und damit auch den Sinn eines Textes entscheidend mit. Zu prüfen ist:
- *Welche Merkmale des Textes entsprechen den Vorgaben der Gattung, welche nicht?*
- *Welche Merkmale des Gattungsprofils sind im Text realisiert, welche nicht?*
- *Welchen Stellenwert haben die Gattungskonventionen für die individuelle Gestalt des Textes?*
- *Welche Bedeutung haben die Abweichungen vom Gattungsschema für die Form des Textes?*

Die Gattungsanalyse kann zusätzliche Tiefenschärfen gewinnen, wenn sie zu den Ergebnissen der Traditions- und der Redaktionsanalyse in Beziehung gesetzt wird:
- *Welche Gattungsmerkmale sind in der Überlieferungsgeschichte des Textes eingeebnet, welche ausgebaut worden?*

(3) Einordnung in die Geschichte der Gattung

Um den Einfluss der Gattung auf die Aussageintention eines Textes resp. auf den Verstehensvorgang der ursprünglichen Leser einschätzen zu können, ist es nützlich, den Text auch gattungsgeschichtlich einzuordnen, da die Wirkung, die eine Gattung erzielt, sich im Laufe ihrer Geschichte stark wandeln kann. Zu fragen ist:

Analyse

- *Welche Informationen lassen sich (im Blick auf eine spätere kritische Überprüfung) der Forschung über die Entwicklungsgeschichte der Gattung entnehmen?*
- *In welche Etappe der Gattungsgeschichte gehört der Untersuchungstext?*
- *Mit welcher Absicht und Wirkung wird die Gattung in diesem Stadium ihrer Geschichte gewöhnlich verwendet?*
- *Welches Verständnis der Gattung lässt sich speziell für die Schrift erheben, aus der der Text entnommen ist?*

Was verraten andere Texte derselben Gattung in dieser Schrift über das Gattungsverständnis des Verfassers? Was lässt sich dem jeweiligen Kontext über Funktion und Wirkung der Gattung entnehmen (in den Evangelien z. B. erzählte Situationen, in denen sie vorkommen, und erzählte Reaktionen, die sie hervorrufen)? Gibt es Texte, die über die Gattung reflektieren (wie z. B. die sog. Parabeltheorie Mk 4,10–12 parr.)?

(4) Auswertung des »Sitzes im Leben« für die Pragmatik und die Situation

Der Sitz im Leben ist die typische Verwendungssituation einer Gattung. Er ist, daran sei noch einmal erinnert, mit der individuellen Situation eines bestimmten Textes keineswegs identisch. Dennoch ist er ein Hinweis und bei isoliert überlieferten Einzeltexten (also etwa »kleinen Einheiten«, die ein Redaktor verarbeitet hat) häufig der einzige Weg, brauchbare Informationen zur Situation des Textes zu erlangen. Unabhängig von der individuellen Situation enthält die Vorstellung von Sitz im Leben der Gattung aber auf jeden Fall Hinweise zu ihrer Pragmatik.

In einer exegetischen Seminararbeit wird man den Sitz im Leben einer Gattung in der Regel nicht selbständig zu erheben versuchen, sondern Forschungen über den »Sitz im Leben« der betreffenden Gattung aufnehmen dürfen.[32] Wird ein Text unabhängig von einem literarischen Kontext betrachtet, dann ist zu prüfen:

- *Welcher »Sitz im Leben« wird der betreffenden Gattung von der Forschung zugewiesen?*

- *Welche Züge des Textes weisen in dieselbe Richtung? Welche weisen auf vom Typischen abweichende Faktoren in der Verwendungssituation des Textes?*
- *Welche Bedeutung kommt den gattungskonformen Strukturelementen des Textes in seinem Verwendungszusammenhang zu, welche den für die Gattung nicht typischen?*
- *Wie verhalten sich die gattungsmäßigen Charakteristika zu den sonstigen Merkmalen des Textes: Konvergieren sie in ihrer »Pragmatik«, oder sind sie gegenläufig?*

Der Fragenkatalog modifiziert sich, wenn Texte nicht als isolierte Traditionen, sondern als Teile von größeren (redaktionell gestalteten) Werken befragt werden:

- *Wie verhält sich der »Sitz im Leben« der Gattung zur historischen Situation des aktuellen Textes (als Teil der Gesamtschrift)?*
- *Wie verhält sich der Sitz im Leben zum literarischen Kontext? (Insbesondere bei erzählenden Rahmengattungen wie Evangelien: Welche Gemeinsamkeiten und Unterschiede bestehen zwischen erzählter Situation und Sitz im Leben?)*
- *Wie kommt die typische Funktion der Gattung in ihrem Sitz im Leben für den Text in seinem gegenwärtigen Kontext und im Hinblick auf seine individuelle Situation zum Tragen?*

5.3 Der Ertrag und der Zusammenhang mit anderen Methoden

Die Gattungsanalyse trägt durch das Einbeziehen der antiken Literatur zu einer besseren historischen Wahrnehmung des Textes bei. Die Analyse dessen, was an einer Einheit typisch ist, was also gängige Hörererwartungen bestätigt und an Traditionen anknüpft, aber auch dessen, was diese Hörererwartungen und Erzähltraditionen durchbricht, des »Besonderen«, trägt wesentlich dazu bei, sowohl die Form des Textes genauer zu bestimmen als auch die Intention des Verfassers resp. den Sinn des Textes besser zu erkennen und zugleich die Voraussetzungen und Bedingungen der Textrezeption zu klären.

Darüber hinaus leistet die Gattungsanalyse einen Beitrag zu Erhellung der historischen Situation eines Textes. Auf frühen Ebenen der Textüberlieferung, wo kein größerer Kontext mit Hinweisen auf die Situation gegeben ist, bietet die Theorie der Gattungen und ihres Sitzes im Leben einen wichtigen Ansatzpunkt, um Texte situativ zu verorten. Für spätere Phasen der Überlieferung mit komplexeren Textkompositionen trägt der Sitz im Leben einzelner Gattungen kaum noch etwas für die Situationsanalyse aus. Hier wird wichtiger, dass das Vorkommen bestimmter Gattungen eine erste Annäherung an den Standpunkt des Verfassers innerhalb umfassender (theologie-)geschichtlicher Bewegungen des frühen Christentums erlaubt: Welche Mittel und Techniken der paganen Rhetorik kennt der Verfasser? Welche Gattungen und Konventionen der biblischen und außerbiblischen Literatur des Judentums sind ihm vertraut? Welche Strömungen der urchristlichen Überlieferungen sind in sein Werk eingegangen? Eine Vertiefung des hier gewonnenen ersten Einblicks leistet vor allem die Motivanalyse (und für innerchristlichen Zusammenhänge auch die Traditionsanalyse).

Zu einer Vertiefung der Gattungsanalyse können die Traditions- und die Redaktionsanalyse beitragen. Sie machen unter Umständen erkennbar, wie ein Autor mit den Gattungsmerkmalen ihm vorgegebener Texte umgeht.

5.4 Ein Beispiel: Die Heilung des Lahmen zu Bethesda (Joh 5,1–9a)

Nach Joh 5,1–9a wirkt Jesus an einem (nicht näher bezeichneten) »Fest der Juden« (5,1) das Wunder einer Krankenheilung zu Bethesda am Schafteich in Jerusalem. Die Struktur der Erzählung ist leicht zu erkennen:

Vers
1   Szenische Überleitung
2–5 Situationsangabe
2   Der Ort
3   Die Lage der Kranken
5   Der Kranke und seine Krankheit
6–8 Das Wunder
6   Die Initiative Jesu
   6a Der Blick Jesu
   6b Die Frage Jesu
7   Die (unausgesprochene) Bitte des Kranken
8   Das Heilungswort Jesu
9   Schluss: Konstatierung der Heilung

Der Blick auf neutestamentliche, aber auch auf alttestamentliche, jüdische und hellenistische Vergleichstexte[33] zeigt, dass Joh 5,1–9a wesentliche Strukturelemente eines *Heilungswunders* aufweist.[34] In der verwandten Gattung der Exorzismuserzählung (vgl. Mk 1,23–28; 5,1–20) steht die Konfrontation zwischen dem Wundertäter und dem Dämon im Mittelpunkt; der Besessene erscheint eher als »Objekt«. In Heilungsgeschichten hingegen wird zwar auch die Macht des Wundertäters über das Übel beschworen, aber die Beziehung zwischen dem Wundertäter und dem Patienten steht stärker im Vordergrund: die Beschreibung der Krankheit, die Bitte um Heilung, die Zuwendung des Therapeuten, das heilende Wort resp. die heilende Geste.

Bei Johannes ist alles auf Jesus ausgerichtet: Er beherrscht von Anfang bis Ende die Szene; er stellt die entscheidende Frage (V. 6: »Willst du gesund werden?«); er heilt den Kranken, bevor der noch auf die Idee gekommen ist, ihn ausdrücklich um Hilfe zu bitten; Jesu einfache Aufforderung (»Steh auf, nimm dein Bett und geh!«) wirkt die Heilung.

Profil gewinnt die Gattungsbestimmung der johanneischen Wundererzählung durch einen Blick auf die *Gattungsgeschichte*.[35]

Die hellenistischen Texte weisen unterschiedliche Gestaltungsformen auf: Einerseits werden an einem Wunder-Heiligtum *Inschriften* aufgehängt, mit denen Geheilte von ihrer Rettung durch den Heil-Gott (z. B. Asklepios) berichten.[36] Es sind schlichte Zeugnisse der Dankbarkeit und der Verehrung, die gleichzeitig geeignet sind, den Ruhm des Heiligtums zu mehren. Weit farbenfroher sind andererseits viele Wunder*geschichten* ausgestaltet: Große Aufmerksamkeit gilt den Krankheitssymptomen und -ursachen sowie den therapeutischen Mitteln, der charismatischen Ausstattung, nicht selten auch den magischen Praktiken des Heilers. Das Hervortreten dieser Staunen erregenden, bisweilen spektakulären und mirakulösen Erzählzüge weist darauf hin, dass jene Geschichten zur größeren Ehre des Wundertäters (etwa des berühmten Apollonius von Tyana[37]) erzählt sind, nicht zuletzt aber auch, um das Unterhaltungsbedürfnis eines interessierten Publikums zu befriedigen.

Viele alttestamentliche Wundergeschichten sind ähnlich farbenfroh erzählt, besonders jene von Elija und Elischa (1Kön 17–2Kön 13). Freilich fehlt jeder Zug zum Magischen. *Das Heilmittel ist das Gebet* (vgl. 1Kön 13,6; 2Kön 4,33; vgl. Mk 9,28f). Die ausführlichen Krankheitsschilderungen heben vor allem die menschliche Not hervor, derer Gott sich durch seinen Propheten erbarmt. In der therapeutischen Vollmacht des Propheten zeigt sich die strafende und vergebende, vor allem aber die schöpferische, totenerweckende Macht Gottes. Das weist auf den »Sitz im Leben« jener Geschichten hin: Sie sind *ad maiorem Dei gloriam* erzählt, selbstverständlich auch zur Pflege der Erinnerung an die großen Propheten, derer das Gottesvolk sich rühmen darf, vor allem aber als sichtbare Demonstrationen der unwiderstehlichen Macht des alleinigen Gottes Jahwe. Daran knüpfen die frühjüdischen Wundergeschichten an (von denen es nicht übermäßig viele gibt). Teils tritt Gott selbst als Wundertäter auf (z. B. TestSim 2,11–14), teils wirkt er durch Therapeuten wie Rabbi Chanina ben Dosa (um 80), von dem sechs Gebetswunder überliefert sind.[38] Freilich geht es nicht mehr um die dramatische Bestätigung der Einzigkeit Gottes, sondern um die Vergewisserung seines Beistandes in der Not.

Die neutestamentlichen Heilungsgeschichten sind im Vergleich zu den hellenistischen wie zu den (meisten) alttestamentlichen recht sparsam, was die Beschreibung der äußeren Krankheitsumstände anbelangt (Ausnahme: Mk 9,17f.20ff); nur selten ist davon die Rede und nie ist es betont, dass Jesus bestimmte Heilmittel anwendet (Mk 7,33; 8,23; Joh 9,6: Speichel). Das Zentrum der Erzählung bildet regelmäßig die Begegnung zwischen Jesus und den Kranken: Jesu Blick für menschliche Not, die Bitte um seine Hilfe, das mutige Überwinden von Widerständen auf dem Wege zu Jesus, sein vollmächtiges Wort. Ihre Bedeutung gewinnen die Erzählungen in zweierlei: Zum einen veranschaulichen sie jenes eschatologische Heil, das Gottes Herrschaft, indem sie aus der transzendenten Zukunft heraus in die Gegenwart vorgestoßen ist (Lk 11,20), im Vorgriff auf die Vollendung schon verwirklicht; zum anderen motivieren sie einen Glauben, der aus dem Empfangen der lebendig machenden Gnade lebt und zur Bejahung Jesu als des Sohnes Gottes führt.

Die Heilungsgeschichte in Joh 5 dokumentiert ein fortgeschrittenes Stadium der neutestamentlichen Wunderüberlieferung. Die Anknüpfung an die traditionelle Typologie ist unverkennbar: Bethesda ist ein bedeutender, hoch verehrter Heil-Ort in Jerusalem.[39] Die aussichtslose Lage des Kranken (V. 5: »achtzehn Jahre«), die Mitleid erregen soll und den Wundertäter besonders herausfordert, ist gegenüber synoptischen Heilungsgeschichten (Mk 5,25: »zwölf Jahre«; Mk 9,21: »von Kind auf«) noch gesteigert (vgl. Joh 9,1: »seit seiner Geburt«). Die Konzentration auf das Wirken und vor allem das Reden Jesu entspricht dem Grundzug neutestamentlicher Wundergeschichten. Johannes zieht die Linie aber noch weiter aus: Nach den synoptischen Erzählungen reagiert Jesus regelmäßig auf eine Bitte der Kranken oder ihrer Angehörigen (Ausnahme: Mk 3,1–6); dass er nach Joh 5,6 von sich aus fragt: »Willst du gesund werden?«, unterstreicht seine singuläre Souveränität. Ähnlich die Schlusspointe: Der Kranke bleibt bei der Schilderung seiner Notlage den Heilungsvoraussetzungen des Wunder-Ortes verhaftet (V. 7); Jesus aber schafft eine völlig neue Lage. Sein Wort ist es, das Leben entstehen lässt: Nicht Bethesda mit seinen durchaus begrenzten Heilungsmöglichkeiten, sondern der Gottessohn in seiner schlechthin unbegrenzten Teilhabe am schöpferischen und totenerweckenden Wirken des Vaters (vgl. 5,20f.26) verleiht Anteil an jenem Leben, das kein Ende haben wird.

Gerade durch diese Stilisierung kann die Wundergeschichte dann, wie bei Johannes im ersten Hauptteil des Evangeliums (Kap. 1–12) typisch, zum »Aufhänger« für eine Offenbarungsrede werden, deren Konfliktpotential dadurch aufgebaut wird, dass, wie Johannes nachträglich feststellt, die Heilung am Sabbat erfolgte (5,9b.16).[40]

6 Traditionsanalyse

6.1 Die Aufgabe

Zu den zentralen Themen der modernen Bibelwissenschaft gehörte von ihren Anfängen im 18. Jahrhundert an die Frage, wie die biblischen Schriften entstanden sind. Ein wichtiges Ergebnis der inzwischen mehr als zwei Jahrhunderte währenden Arbeit ist die Erkenntnis: Zahlreiche neutestamentliche (und alttestamentliche) Texte sind nicht frei formuliert, sondern fußen in z.T. erheblichem Umfang auf schriftlichen oder mündlichen Traditionen. In einigen Fällen muss auch mit nachträglichen Bearbeitungen eines Werkes gerechnet werden – sei es, dass einzelne Texte eingeschoben (interpoliert)[41], sei es dass ursprünglich selbständige Texte zu einer einzigen Schrift zusammengestellt worden sind[42]. Im Gegensatz zu einem modernen Roman oder Geschichtswerk kann also nicht ungefragt davon ausgegangen werden, dass jedes Wort einer neutestamentlichen Schrift von ihrem Haupt-Verfasser stammt.

Dieses Ergebnis sollte moderne Leser nicht vorschnell zu Werturteilen veranlassen. Während in der Neuzeit Originalität ein Qualitätskriterium ist und sich bei stillschweigenden Zitaten schnell die Frage des geistigen Eigentums stellt, gilt in der Antike und zumal in der biblischen Literatur Traditionsabhängigkeit als Markenzeichen und selbst die Übernahme ganzer Textpassagen von Vorgängern nicht unbedingt als Makel, sondern im vielen Fällen als Vorzug authentischen Schreibens. Die Verfasser der Evangelien berichten aus zeitlichem Abstand von den Ereignissen um Jesus. Dazu mussten und konnten sie sich auf Traditionen stützen (vgl. Lk 1,1–4), denen aufgrund ihres Gegenstandes besondere Autorität zukam. Ähnliches gilt für die Apostelgeschichte, teilweise auch für die Apokalypse und die neutestamentliche Briefliteratur. Auch hier ist damit zu rechnen, dass älteres Material aufgenommen und verarbeitet worden ist (wiewohl auf andere Art in ungleich geringerem Umfang).

Die Entdeckung der starken Traditionsabhängigkeit vieler neutestamentlicher Texte führte in der Exegese (aus historischen und theologischen Interessen heraus) zu einer eigenen Betrachtungsweise der Texte, die Lesern eines Romans nicht ohne weiteres in den Sinn käme: die Suche nach der Vorgeschichte eines neutestamentlichen Textes. Diese Fragestellung bewirkt eine gegenüber den bisherigen Methoden deutlich veränderte Wahrnehmung des Textes. Er wird nun als Mosaik aus Traditionsstücken, als eine unter Verwendung vorgegebener Elemente geschaffene Komposition betrachtet. Unter der Annahme, die Verarbeitung vorgegebener Tradition könne Spuren hinterlassen haben, werden solche Spuren gesucht, um der verwendeten Überlieferungen ansichtig zu werden. Gleich sei dabei festgehalten, dass das Bild vom Text als Mosaik zwar suggestiv, aber in gewisser Weise auch irreführend ist, da sich höchst selten die in einem Text verwendeten Traditionen so trennscharf erkennen und abgrenzen lassen wie die Steine eines Mosaiks. Ein genaueres Bild von den Vorgängen bei der Verarbeitung von Traditionen zu einem neuen Text wird im Kapitel »Redaktionsanalyse« zu zeichnen sein.

Analyse

Die Traditionsanalyse hat die Aufgabe, die Entstehungsgeschichte eines Textes zu rekonstruieren. Sie nähert sich diesem Ziel in zwei großen Schritten:
1. Sie untersucht den Text auf Indizien für die Verwendung von Traditionen.
2. Sie wertet diese Indizien aus und entwirft ein Modell der Entstehungsgeschichte des Textes (ggf. mit mehreren Stufen der Textentstehung).

Ein forschungsgeschichtlich wichtiges und theologisch besonders ergiebiges Feld neutestamentlicher Traditionsanalyse sind die synoptischen Evangelien (Mt, Mk, Lk). Aber auch in der paulinischen und johanneischen Literatur kann hier und da mit Erfolg nach vorausliegenden Traditionen gesucht werden. Von den im Kanon gesammelten Texten ausgehend, richtet sich die Aufmerksamkeit der Traditionsanalyse zunächst auf schriftliche Vorlagen (vgl. auch Lk 1,1; Joh 21,24). Insbesondere bei den geschichtlich ausgerichteten Werken wie Evangelien und Apostelgeschichte muss von der Sache her auch damit gerechnet werden, dass es eine der schriftlichen vorgelagerte und parallel laufende mündliche Überlieferung gibt (wie sehr häufig im Alten Testament). Auch hinter einigen Texten der Briefliteratur sind mündliche Traditionen wie z. B. Glaubensbekenntnisse oder -formeln zu vermuten. Die Gesetze mündlicher Überlieferung differieren von denen schriftlicher Überlieferung. So sind z. B. mündliche Erzählungen, was den Wortlaut angeht (nicht aber unbedingt Aufbau und Figurenkonstellation), in der Regel weniger festgelegt als schriftliche Texte. Insofern ist die Frage nach der mündlichen Tradition von eigener Bedeutung, gerade weil die ältere Vorstellung, wonach »zuerst« die mündliche und »danach« die schriftliche Tradierung steht, den tatsächlichen Verhältnissen nicht gerecht wird.

Im Idealfall kann der Wortbestand der Traditionen erhoben werden, häufig aber muss man sich aus Gründen methodischer Vorsicht bescheidenere Ziele stecken: etwa die wesentlichen Sinnlinien und Personenkonstellationen, das Thema und die Grundstruktur einer älteren Tradition zu eruieren. Das gilt nicht zuletzt für die johanneische Literatur, aber auch für das Sondergut der Evangelisten.

In der »Traditionsanalyse« geht die »Literarkritik« auf. Nicht wenige Methodenbücher unterscheiden von der »Literarkritik« noch einmal die »Überlieferungs-« resp. »Traditionskritik«. Danach hat die »Literarkritik« die Aufgabe, die schriftliche, die »Überlieferungskritik« aber die Aufgabe, die mündliche Tradition zu rekonstruieren. Da aber in beiderlei Hinsicht die Vorgeschichte des Textes erhellt werden soll und mündliche und schriftliche Tradierung lange Zeit nebeneinander laufen und sich wechselseitig beeinflussen, wird in diesem Methodenbuch der »Traditionsanalyse« die Aufgabe der Untersuchung der schriftlichen wie der mündlichen Traditionen zugewiesen. Einige neuere methodologische Studien, die ein offeneres Konzept diachronischer Forschung favorisieren, reden von »Traditionsgeschichte«. Dem kommt der hier gewählte Begriff »Traditionsanalyse« nahe.

6.2 Das methodische Verfahren

In der Traditionsanalyse werden alle Beobachtungen gesammelt und geprüft, die für ein Wachstum des zu untersuchenden Textes (im mündlichen und schriftlichen Traditionsraum) sprechen. Nur wenn diese Anzeichen deutlich genug sind (und von mehreren Punkten aus in dieselbe Richtung weisen), stellen sich die weiteren Aufgaben der genauen Beschreibung der Traditionen und ihrer Einordnung in eine Chronologie, um auf diesem Wege ein Modell der Textentstehung zu gewinnen.

(1) Prüfung auf Indizien für die Verwendung von Tradition

Nur selten finden sich in einem neutestamentlichen Text direkte Hinweise auf Traditionsabhängigkeit. Manchmal bieten – wie bei vielen Evangelien-Texten – Parallelüberlieferungen in anderen Schriften einen Ansatzpunkt, um nach den Quellen eines Autors zu fragen. (Dieser Fall wird wegen seiner großen Bedeutung für die Exegese der synoptischen Evangelien unten in Abschnitt 6.3 gesondert dargestellt.) In den meisten Fällen ist man darauf angewiesen indirekte Hinweise des Textes auszuwerten. Die grundlegende Vermutung dabei ist, dass Spuren zurückbleiben, wenn ein Text aus verschiedenen Quellen zusammengesetzt wird oder Vorlagen in den Text eines Autors eingebunden werden: Es gibt Unterschiede in der Sprache, im Stil, im theologischen Denken, im sozialen Hintergrund, bei den angenommenen Adressaten, in der angestrebten Wirkung; Gattungskonventionen verändern sich oder werden übergangen; Aussagen der Quellen widersprechen sich inhaltlich; es gibt auffällige Doppelungen oder Wiederholungen, weil dasselbe in zwei Quellen sehr ähnlich vorkommt usw. Anders gesagt: Die Traditionsanalyse knüpft an die anderen Methodenschritte an und sucht auf den verschiedenen Ebenen nach mangelnder Einheitlichkeit und fehlendem Zusammenhalt des Textes. Ob diese Beobachtungen dann tatsächlich Urteile über die Genese des Textes erlauben, muss eigens geprüft werden![43]

Indizien für die literarische Uneinheitlichkeit eines Textes (d. h. für seine Zusammensetzung aus ursprünglich selbständigen Teilen und späteren Zusätzen) ergeben sich also, wenn (u. a.) folgende Fragen gestellt werden:

- *Gibt es direkte Hinweise auf Traditionen (vgl. 1Kor 11,23; 15,1ff)?*
- *Gibt es signifikante Parallelen zu einem Text in anderen (neutestamentlichen) Schriften?*
- *Gibt es markante Differenzen im Adressatenbezug, in der vorausgesetzten Entstehungssituation oder im (theologie-)geschichtlichen Hintergrund?*
- *Gibt es auffällige, gar störende Doppelungen und Wiederholungen (von Sätzen, Aussagen, erzählten Ereignissen ...)?*
- *Gibt es auffällige oder störende Spannungen und Widersprüche?*
- *Gibt es logische resp. narrative Brüche?*
- *Gibt es stilistische Unausgeglichenheiten (z. B. unmotivierter Wechsel der auftretenden Personen, des Tempus, des Numerus, des Wortschatzes, des Satzbaus u. ä.)?*

- *Tauchen untypische, auffällige Termini, gar Hapaxlegomena (nur einmal belegte Wörter) und ebenso untypische, auffällige Motive auf?*
- *Gibt es signifikante Differenzen in der Bedeutung bestimmter Wörter und Motive?*
- *Gibt es gattungsatypische Elemente?*
- *Werden verschiedene Gattungen miteinander kombiniert?*
- *Begegnen Themen, Motive, Begriffe und Aussagen, die (nach Auskunft der Forschung) für bestimmte Redaktionsstufen typisch oder untypisch sind?*

Sofern eine Frage positiv beantwortet wird, ist nicht mehr und nicht weniger als ein Indiz gewonnen. Zu einer Wahrscheinlichkeit des Urteils führt nur eine Häufung und Konvergenz verschiedener Indizien. Beweiskräftig sind sie dann, wenn immer auch die Gegenprobe gemacht worden ist, ob sie nicht stilistische Mittel des Verfassers sind, also gerade nicht auf ein Wachstum des Textes, sondern auf eine bestimmte Intention des Autors hindeuten. In diesem Zusammenhang ist auch zu bedenken, dass nicht unsere modernen Maßstäbe für einen »schönen« Text maßgeblich sind, sondern die Sprachkonventionen und das Stilempfinden der antiken Autoren.

(2) Rekonstruktion der Vorgeschichte

Sofern sich die literarische Uneinheitlichkeit eines Textes erwiesen hat, besteht die Aufgabe, auf der Basis der beobachteten Spannungen zu einem Modell der Text-Genese zu gelangen. Das Ergebnis kann sehr unterschiedlich ausfallen.

Im »Idealfall« ergeben sich klar abgrenzbare Wachstumsschichten. Der Text ist mosaikartig aus verschiedenen Elementen zusammengesetzt. Operiert man bestimmte (durch Redaktoren eingefügte) Textteile heraus, fügt sich der Rest zu einem neuen, vollständigen, homogenen Text, der als Vorlage gedient hat. Die Literarkritik spricht dann von einer »einfachen« oder »kleinen Einheit«, die sichtbar gemacht worden ist.

In einigen Fällen ergänzen sich die verbleibenden Teile zu einem in groben Umrissen erkennbaren, aber nicht vollständigen Ganzen. Eines der ausgesonderten Mosaikteilchen hat offenbar einen ursprünglichen Textteil verdrängt, vorzugsweise am Anfang oder am Ende. Ein solcher unvollständiger, aber erkennbar ursprünglich abgerundeter Text wird als Fragment bezeichnet.

Die ausgegrenzten Textteile können ihrerseits eine kleine Einheit oder ein Fragment sein, häufiger sind knappe redaktionelle Erweiterungen und Ergänzungen, die z. B. der Einordnung in den neuen Kontext oder einer bestimmten theologischen Akzentsetzung dienen.

Dass man aus der Traditionsanalyse klar abgrenzbare Textteile erhält, gar eine Vorlage im Wortlaut weitgehend rekonstruieren kann, ist nicht die Regel. Häufig lässt sich die Unterscheidung von Vorlagen und Bearbeitungen nicht trennscharf vollziehen. Wenn ein Redaktor nicht nur die vorgegeben Mosaiksteinchen neu zusammensetzt, sondern sie bearbeitet, wenn er gar, an alten Mustern sich orientierend, ein neues Bild legt oder zum alten neue Motive hinzufügt, wenn er also, auf Traditionen gestützt, in freier Form einen neuen Text schafft oder einen vorliegenden Text »fortschreibt«, kann man vielleicht noch Spannungen und Brüche konstatieren, die Zuordnung zu abgrenzbaren Textteilen dürfte aber schwer fallen; die Traditionsanalyse vermag in solchen Fällen bestenfalls das Gerüst einer Vorlage ohne viel Details und Grundlinien der Bearbeitung zu beschreiben.

In Verbindung mit der bislang beschriebenen Klassifizierung muss dann weiter versucht werden, eine relative Chronologie zu erstellen, indem die verschiedenen, mehr oder weniger trennscharf abgegrenzten Textteile einander zugeordnet und in eine Abfolge von Ausgangstext(en), Bearbeitungen, Kombinationen, Erweiterungen etc. gebracht werden, die die Entstehungsgeschichte des Textes nachzeichnet.

Nachdem eine relative Chronologie aufgestellt ist, können manchmal die einzelnen Wachstumsstufen (unter Verwertung von Ergebnissen der Sekundärliteratur) verschiedenen Traditionszusammenhängen zugeordnet werden. Sind solche Zuordnungen möglich, stützen sie die relative Chronologie. Darüber hinaus liefern sie auch Hinweise auf die absolute zeitliche Fixierung eines Textes.

(3) Die Frage nach Mündlichkeit und Schriftlichkeit

Zur Rekonstruktion der Entstehungsgeschichte eines Textes gehört prinzipiell auch die Frage, ob seine Quellen schriftlich oder mündlich vorlagen. Dabei lassen sich leichter Kriterien für Schriftlichkeit als für Mündlichkeit einer Tradition benennen.

Die Verwendung einer schriftlichen (oder zumindest sehr stabilen mündlichen) Tradition ist wahrscheinlich, wenn:
– eine Vorlage in vielen Details, vielleicht sogar im Wortlaut rekonstruierbar ist und wörtliche Parallelen hat;
– auf ältere Überlieferungsstufen hinweist (durch Doppelungen; Brüche; Spannungen und Widersprüche; …);
– erkennbar in einen größeren Kontext (z. B. eine Sammlung von Gleichnissen, eine Passionserzählung) eingebunden ist.

Dass eine Einheit selbständig mündlich tradiert wurde, ist nur möglich, wenn sie:
– vollständig aus sich erklärbar ist (also keine weiteren Texte voraussetzt);
– so gebaut ist, das sie für Zuhörer fasslich ist (relativ geringer Umfang resp. relativ feste Handlungskonstellation; klarer Aufbau; den Gesetzen volkstümlichen Erzählens verpflichtet [»Achtergewicht«; »Regel de tri«]).

Die Wahrscheinlichkeit für eine mündliche Überlieferung steigt, wenn sich Semitismen nachweisen lassen, wenn ein Text zu einer Gattung mit einem klaren »Sitz im Leben« gehört und wenn es Doppelüberlieferungen und Parallelen gibt, ohne dass sich literarische Abhängigkeit nachweisen lässt.

6.3 Der synoptische Vergleich

Eigene Möglichkeiten traditionsanalytischer Arbeit ergeben sich bei der Untersuchung der synoptischen Evangelien. Die Einleitungswissenschaft geht heute in der Regel von (modifizierten Formen) der Zwei-Quellen-Theorie aus. Sie hat folgende – gut begründete – Annahmen entwickelt.
1. Markus ist das älteste Evangelium.
2. Matthäus und Lukas haben Markus als Quelle benutzt.
3. Matthäus und Lukas sind literarisch unabhängig voneinander.
4. Matthäus und Lukas haben über Markus hinaus eine weitere Quelle benutzt, die vor allem aus Reden und Worten (Logien) Jesu besteht und deshalb Logienquelle oder Redenquelle (abgekürzt: Q) genannt wird.
5. Matthäus und Lukas haben darüber hinaus je eigenes Sondergut, d. h. Traditionen, die jeweils nur von ihnen verwendet werden.

Auf der Basis der Zwei-Quellen-Theorie lässt sich ein synoptischer Vergleich durchführen und mit Urteilen zur Text-Genese verbinden.

(1) Vergleich von Matthäus bzw. Lukas mit Markus

Sichere Anhaltspunkte gibt die Untersuchung eines matthäischen oder lukanischen Textes, der eine markinische Parallele hat. Der Quellentext ist dann im wesentlichen bekannt; die matthäische oder lukanische Bearbeitung hebt sich im Vergleich mit Markus relativ leicht ab. Die weitere literarkritische Arbeit muss bei Markus ansetzen. Es gibt nur wenige Ausnahmen von dieser Regel. Sie betreffen einerseits Doppelüberlieferungen zwischen Markus und der Redenquelle, andererseits *minor agreements* (Übereinstimmungen von Matthäus und Lukas gegen Markus bei gemeinsamem Stoff)[44]. In beiden Fällen können nur aufwendige Einzeluntersuchungen, die das gesamte Spektrum der Traditionsanalyse anwenden, zu einer Lösung führen.

(2) Rekonstruktion des Q-Textes

Bei einem Text, den Matthäus und Lukas über Markus hinaus gemeinsam haben, geht es der Traditionsanalyse darum, durch den Vergleich der beiden Fassungen den Textbestand der Logienquelle zu eruieren. Folgende Grundregeln sind dabei zu beachten:

Erstens: Worin Matthäus und Lukas (über Markus hinaus) textlich übereinstimmen, ist als Q-Text gesichert.

Zweitens: Wo Matthäus und Lukas bei gemeinsamem Q-Stoff im Wortlaut differieren, muss der Rekonstruktionsversuch des Q-Textes u. a. folgende Regeln beherzigen:

- *Kontext:* Varianten, die genau auf den jeweiligen (engeren und weiteren) Kontext abgestimmt sind, stehen im Verdacht, redaktionell zu sein.
- *Wortschatz:* Matthäus wie Lukas haben Vorzugsvokabeln; liegen sie vor, ist eine redaktionelle Bearbeitung durch den jeweiligen Evangelisten wahrscheinlich.
- *Stil:* Die sprachlich bessere Wendung ist im Zweifel eher redaktionell als die sprachlich schlechtere.
- *Umfang:* Der kürzere Text ist im Zweifel eher traditionell als der längere (wiewohl es auch gezielte redaktionelle Straffungen geben kann).
- *Theologie:* Versionen, die besonders gut zur Theologie des jeweiligen Evangelisten passen, stehen im Verdacht, redaktionell bearbeitet zu sein.

(3) Rekonstruktion des matthäischen und lukanischen Sonderguts

Über den Markus- und den Q-Stoff hinaus können Matthäus und Lukas auch auf ihr jeweiliges »Sondergut« zurückgreifen. Das »Sondergut« eines Evangeliums ist keine einheitliche Größe, sondern besteht aus heterogenen Einzeltraditionen, die nur zum geringen Teil in größeren Traditionseinheiten gesammelt worden sind. Beim »Sondergut« bestehen nur jene traditionsanalytischen Möglichkeiten, die es bei allen anderen biblischen Texten auch gibt. Entsprechend schwierig und risikoreich ist ein Rekonstruktionsversuch.

Nicht alle Texte, gar Sätze oder Satzteile, die im synoptischen Vergleich weder Markus noch der Redenquelle zugeordnet werden können, sind automatisch als Sondergut zu klassifizieren. Ein Teil des individuellen Textbestandes der jeweiligen Evangelien sind Worte, die die Evangelisten selbst im Rahmen ihrer redaktionellen Arbeit formuliert haben. Um einen Text oder Textteile dem Sondergut zuschreiben zu können, muss plausibel gemacht werden, dass es sich um vorgegebene Tradition handelt.

6.4 Der Ertrag und der Zusammenhang mit anderen Methoden

Am Ende der Traditionsanalyse steht ein möglichst differenziertes Bild der Genese eines Textes auf verschiedenen Überlieferungsstufen, womöglich unter Einschluss mündlicher Traditionen. Die Traditionsanalyse ist nur zu leisten auf Basis anderer Methodenschritte, da sie die Beobachtungen liefern, auf deren Grundlage Indizien für die literarische Uneinheitlichkeit des Textes gewonnen werden. Grundlegend ist vor allem die Formanalyse mit ihren Beobachtungen zu Sprache, Stil und Textzusammenhang; aber auch die Situations-, die Kontext-, die Gattungs-, die Sach- oder die Motivanalyse können Hinweise liefern.

Die Redaktionsanalyse knüpft unmittelbar an die Traditionsanalyse an, ist in gewisser Weise ihr Gegenstück, indem sie fragt, wie und mit welcher Absicht die Tradition im Zuge ihrer Überlieferung rezipiert und verändert worden ist.

Die Traditionsanalyse öffnet den Blick auf alte und älteste Schichten der Traditionsbildung. Damit bildet sie die Voraussetzung dafür, die theologischen Aussagen aus den ersten hellenistisch-judenchristlichen Gemeinden zu beschreiben, welche die Basis für die Logienquelle und die synoptischen Evangelien einerseits und für Paulus andererseits bilden. Alle Arbeiten zur Theologiegeschichte des Urchristentums, auch die Studien zur Rückfrage nach Jesus und zur Geschichte des Urchristentums setzen Literar- und Überlieferungskritik voraus.

Sofern ein neutestamentlicher Text Traditions-Literatur ist, kann sein Sinn nicht ohne Verweis auf seine Vorgeschichte bestimmt werden – so wenig eine Reduktion der Analyse auf die Diachronie in Frage kommt. Überzeugende Ergebnisse kann die Traditionsanalyse nur dann abwerfen, wenn sie nicht überfordert wird, sondern die ihr gesteckten Grenzen beachtet. Sofern es aber gelingt, wesentliche Sinnlinien und Formelemente, vielleicht sogar Kernsätze einer Tradition wahrscheinlich zu machen, ist bereits ein erheblicher Erkenntnisgewinn realisiert.

6.5 Ein Beispiel: Das Gleichnis vom Sämann (Mk 4,1–20)

Das Gleichnis vom Sämann (Mk 4,3–9) ist eines der bekanntesten Gleichnisse Jesu. Es findet sich bei Markus im Kontext einer Lehrrede Jesu (4,1–34), die noch zwei weitere Saat- und Erntegleichnisse enthält (4,26–29: Selbstwachsende Saat; 4,30ff: Senfkorn). Auffällig ist, dass dem Gleichnis vom Sämann eine ausdrückliche Deutung im Munde Jesu folgt (4,13–20).

Die Prüfung von Einheitlichkeit und Zusammenhalt des Kapitels weist auf einige Auffälligkeiten und Unstimmigkeiten hin[45]:

- Mk 4,1a verklammert die Gleichnis-Lehre mit dem vorausgehenden Kontext und ergibt nur im Rahmen des Evangeliums Sinn. Die Verse 4,1b.2 hingegen leiten organisch die Gleichnisszene ein.
- In 4,1–9 ist das Volk Adressat der Lehre Jesu, ab Vers 10 sind es die Jünger, sicher bis Vers 20 (dem Schluss der Gleichnis-Deutung). In 4,33f ist erneut vorausgesetzt, dass Jesus das Volk lehrt. Aber in den voranstehenden Sätzen gibt es keinen ausdrücklichen Hinweis, dass Jesus sich wie-

Analyse

der dem weiteren Kreis zuwendet (V. 21: »Und er sprach zu ihnen«; V. 26: »Und er sprach«; V. 30: »Und er sprach«).
- In Mk 4,10 fragen die Jünger Jesus nach *den* Gleichnissen; es ist aber erst eines erzählt worden.
- Mk 4,1–34 enthält nicht nur Gleichnisse (samt Deutung), sondern neben den Szenenangaben zu Anfang (4,1f) und Ende (4,33f) auch Logienüberlieferung (4,21–25) und eine Jüngerbelehrung (4,10ff) mit einem theologisch höchst anspruchsvollen Schriftzitat (Jes 6,9f).
- Mk 4,34 rechnet (ähnlich wie Vers 10 und die Auslegung in 4,13–20) damit, dass Gleichnisse deutungsbedürftig sind – was mit den typisch markinischen Motiven der »geheimen Epiphanien« (Dibelius) und des Jüngerunverständnisses konvergiert. 4,33 entspricht der Einleitung in 4,1b.2
- Die Deutung in Mk 4,13–20 setzt andere Akzente als das Gleichnis 4,3–9, weil sie sich auf die Misserfolge der Aussaat konzentriert, während das Sämann-Gleichnis den starken Kontrast zwischen mehrfacher Fruchtlosigkeit und gleichwohl überwältigender Fruchtbarkeit pointiert. Überdies ist die Sprache von Mk 4,13–20 griechisch, während Mk 4,3–9 einen semitischen Sprachhintergrund erkennen lässt.

Aus diesen (und weiteren) traditionsanalytischen Beobachtungen lassen sich Rückschlüsse auf die literarische Genese von Mk 4,1–34 ziehen (auch wenn die Meinungen in der Forschung weit auseinander gehen).

1. Mk 4,1–34 ist nicht aus einem Guss, sondern ein literarisch gewachsener, aus Traditionen zusammengefügter Text.
2. Die Hand des Evangelisten ist am deutlichsten in den Rahmenversen 1a und 34 zu erkennen.
3. Mit großer Wahrscheinlichkeit sind die drei Saatgleichnisse ursprünglich selbständige Einheiten, die erst nachträglich (schon vor Markus) zusammengestellt worden sind. Dass die Gleichnisse zuerst mündlich tradiert worden sind, unterliegt keinem Zweifel. Die Rahmung in den Versen 1b.2 und 33 spricht aber dafür, dass es schon vor Markus zu ei-

ner schriftlichen Sammlung der Saatgleichnisse gekommen ist.
4. Das Sämann-Gleichnis 4,3–9 und die Auslegung 4,13–20 liegen nicht auf derselben traditionsgeschichtlichen Stufe. Die Deutung ist jünger als die Erzählung selbst. Das Gleichnis ist auf der ältesten synoptischen Überlieferungsstufe angesiedelt (und geht aller Wahrscheinlichkeit nach auf Jesus zurück). Die Deutung hingegen ist in einer hellenistisch-judenchristlichen Gemeinde auf Griechisch erfolgt (und wird eher schriftlich als mündlich tradiert worden sein). Ob diese Deutung dem Sämann-Gleichnis angefügt worden ist, bevor oder nachdem es mit den anderen Saatgleichnissen in einer Sammlung verbunden worden ist, lässt sich kaum noch entscheiden. Markus jedenfalls hat das Gleichnis bereits zusammen mit seiner Deutung gelesen.
5. Das Logion über den Verstockungsauftrag Jesu (4,11f) geht samt dem Schriftzitat auf eine palästinische Gemeinde aus dem Umkreis urchristlicher Apokalyptik zurück: Die entscheidenden Wendungen (μυστήριον [Geheimnis]; δίδομαι [gegeben werden]; οἱ ἔξω [die draußen], ἐπιστρέφειν [sich bekehren]) begegnen nur hier bei Markus; die Form des antithetischen Parallelismus weist in den aramäisch-hebräischen Sprachraum nach Palästina; das Zitat von Jes 6,9f weicht von der Septuaginta-Fassung stark ab, zeigt aber enge Berührungen mit der Fassung des Targum[46]; die Geheimnistheorie hat die stärksten Analogien in der frühjüdischen Apokalyptik. Ursprünglich ist das Logion selbständig. Über die Brücke von Vers 10 wird es – vermutlich erst durch Markus – mit der Gleichnissammlung verbunden. Der Evangelist macht die Szene, die mit der Logiengruppe in 4,21–25 korrespondiert, zu einem Zeugnis seiner »Parabeltheorie«: dass Jesu Gleichnisse nur derjenige verstehen kann, dem Gott offenbart, dass Jesus das Geheimnis der Gottesherrschaft ist.

7 Redaktionsanalyse

7.1 Die Aufgabe

Die Traditionsanalyse zeigt, wenn ein Text unter Verwendung von Überlieferungen entstanden ist. Dann ist es möglich, einen Blick in die Vergangenheit des Textes zu werfen; aber auch auf seine gegenwärtige Gestalt und auf seinen Verfasser fällt dabei Licht. Es kennzeichnet einen Text, traditionsabhängig zu sein; es kennzeichnet einen Autor, mit Traditionen zu arbeiten. Das Interesse der Forschung ist auf unterschiedliche Aspekte gerichtet. Auf der einen Seite interessiert, dass durch Redaktionen die Überlieferungen bewahrt und weitergegeben werden. Der Formgeschichte am Anfang des 20. Jahrhunderts, die vor allem an den alten und ältesten Überlieferungsstufen interessiert war, galten die Evangelisten entsprechend als Sammler und Tradenten. Auf der anderen Seite ist deutlich, dass die Traditionen im Zuge des Überlieferungsprozesses verändert worden sind. Die theologischen Absichten hinter diesen Veränderungen hat ab Mitte des 20. Jahrhunderts die redaktionsgeschichtliche Forschung ins Visier genommen. In einem Versuch, beide Aspekte miteinander zu verbinden, wird der Prozess in neueren Arbeiten als Rezeption, als *relecture*, als ein Lesen und Fortschreiben der überlieferten Texte beschrieben. So kommt sowohl die Zustimmung und Akzeptanz zur Geltung, die dem Geschehen der Überlieferung innewohnt, als auch die innovative und bisweilen durchaus kritische Anverwandlung, die im Vergleich von Text und Quelle sichtbar wird. Überlieferung wird dabei als ein Prozess verstanden, der sowohl durch die Vorgaben der Traditionen als auch durch die Rezipienten, ihre Interessen und ihr Denken bestimmt ist.

Entsprechend böte sich der Begriff »Rezeptionsanalyse« zur Bezeichnung der Methode an. Er ist aber nicht gebräuchlich. Die meisten Methodenbücher verwenden den Ausdruck »Redaktionskritik«. Er ist jedoch sehr stark durch ein Konzept der Synoptiker-Exegese geprägt, mit Hilfe der Unterscheidung von Tradition und Redaktion zu einer theologischen Interpretation der Evangelien zu gelangen. Dieses Konzept steht für die redaktionsgeschichtliche Phase der Exegese, muss heute aber in einem neuen methodischen Gesamt-Konzept eingeholt werden. Um den Unterschied zu signalisieren, wird im Folgenden von Redaktions*analyse* gesprochen. Sie beschreibt, wie ein Redaktor mit seiner Vorlage umgegangen ist. So verstanden, lässt sich die redaktionsanalytische Methode auch problemlos über die Synoptiker-Exegese hinaus auf die übrigen neutestamentlichen Schriften bzw. die ihnen zugrunde liegenden Traditionen anwenden.

Die Redaktionsanalyse betrachtet einen Text unter der Rücksicht, dass er das Ergebnis eines Rezeptionsvorgangs ist. Sie untersucht die Übereinstimmungen und die Unterschiede zwischen dem Text und seiner Quelle. Sie fragt danach, wie eine literarische Quelle resp. Vorlage von einem Redaktor in einen größeren textlichen Zusammenhang aufgenommen, auf eine neue Kommunikationssituation bezogen und möglicherweise in ihrem Textbestand verändert worden ist und wie der überlieferte Text selbst die redaktionelle Bearbeitung angeregt und beeinflusst hat.

Damit ist die Redaktionsanalyse in gewisser Weise das Pendant zur Traditionsanalyse. Diese geht von den vorliegenden neutestamentlichen Texten aus und fragt nach den ihnen vorausgehenden Traditionen; jene setzt die Traditionsanalyse (und eine zumindest elementare Analyse und Interpretation dieser Vorlage[n]) voraus, um die Redaktionsgeschichte einer kleinen Einheit vom Ursprung bis zum vorliegenden Text des Neuen Testaments zu schreiben.

Häufig bezieht man die redaktionsanalytische Fragestellung nur auf die Rezeption traditionellen Materials durch die Endverfasser der Schriften, also die Evangelisten oder Briefschreiber. Dies ist auch zweifellos ein besonders wichtiger Aufgabenbereich der Redaktionsanalyse. Dennoch sollte sich ihre Fragestellung (was vor allem für die synoptische Tradition wichtig ist) auf alle erkennbaren Bearbeitungsstufen richten. Bei Texten mit einer längeren Rezeptionsgeschichte können u. U. mehrere Redaktionen aufeinander gefolgt sein, wobei die jeweils ältere zur Grundlage der jüngeren geworden ist. Es ist deshalb sinnvoll und fällt in das Arbeitsfeld der Redaktionsanalyse, auch den Umgang z. B. der Redenquelle oder des Autors einer vormarkinischen Sammlung mit ihren Traditionen zu untersuchen – auch wenn dann Vorsicht vor allzu großen Hypothesen walten muss.

7.2 Das methodische Verfahren

Sofern in der literarkritischen Analyse Traditionen nachgewiesen worden sind, kommt es in der Redaktionsanalyse darauf an, umfassend die Bearbeitung dieser Traditionen zu beschreiben. Dabei fließen auch die Ergebnisse der anderen methodischen Schritte ein. Immer ist zuerst der literarische Befund zu erheben, dann die Frage nach seiner Relevanz für die Auslegung zu stellen.

Als typische Tätigkeiten von Bearbeitern und Redaktoren kann man nennen[47]:

- Sammeln von Überlieferungen (vgl. Lk 1,1–4),
- Auswählen aus den Überlieferungen (vgl. Joh 20,30f; 21,24f),
- Einordnen in einen größeren Zusammenhang/Rahmen (vgl. 1Kor 15,1–11),
- Anordnen und Komponieren von Traditionen (durch Stichwortverbindungen; durch raum-zeitliche Verknüpfungen etc.),
- Verwendung von Traditionsstücken in einem anderen literarischen oder situativen Zusammenhang (vgl. 1Kor 11,23–26),
- Ein- oder Anfügen von Traditionsstücken (vgl. Mt 22,1–10.11–14 mit Lk 14,15–24),
- Umstellungen innerhalb der gleichen Perikope resp. Sequenz (vgl. Mk 11,12–20 mit Mt 21,12–21),
- stilistische Verbesserungen,
- erläuternde Zusätze (Mk 7,3f),
- Einfügen von Schriftzitaten (vgl. Mt 9,9–13 [Hos 6,6] mit Mk 2,13–17),
- Ergänzungen und Erklärungen geographischer, topographischer und historischer Angaben (Joh 19,13),

- Kommentare (Joh 2,22),
- Kürzungen resp. Straffungen der Vorlage (vgl. Lk 9,37–42 mit Mk 9,14–29),
- Auslassung von (scheinbar) Schwerverständlichem oder Selbstverständlichem (vgl. Mt 8,28–34 mit Mk 5,1–20),
- Übertragung von Bildern und Motiven in die eigene Erfahrungswelt,
- Dramatisierungen, Verallgemeinerungen, Stilisierungen einer Szene,
- Wiederaufnahmen (vgl. Joh 7,50 mit 3,1ff),
- Fortschreibung und Weiterführung (vgl. Joh 11,45–53),
- Erstellung von Sammelberichten (Summarien) (z. B. Mk 1,32ff; Apg 2,42–47),
- Nach- und Neuerzählen von Traditionen (vgl. Mk 6,45–52 mit Mt 14,22–33).

Im Einzelnen vollzieht sich die Redaktionsanalyse als Vergleich von Text und Tradition auf verschiedenen Ebenen. Grundlegend ist der Vergleich des Wortlautes, soweit dies nach der Traditionsanalyse möglich ist. Darauf aufbauend können weitere Aspekte der Textanalyse einbezogen werden: Form, Kontext, Gattung, Begriffe und Motive, Realien, Situations- und Adressatenbezug. Die Aufmerksamkeit hat sich gewiss besonders den jeweiligen Veränderungen zu widmen, darf aber die jeweiligen Gemeinsamkeiten und die Anknüpfungspunkte für die Veränderungen im traditionellen Text nicht aus dem Blick verlieren.

(1) Text-Vergleich

Zu notieren ist zunächst eine möglichst vollständige Liste der Veränderungen am Wortbestand, nicht nur der besonders großen und augenfälligen, sondern auch der zunächst kleinen und unscheinbaren. Welche dieser Veränderungen in einer exegetischen Arbeit dann aufgrund ihres Aussagewertes tatsächlich aufgeführt werden, steht auf einem anderen Blatt.

> Analyse

(2) Form-Vergleich

In einem zweiten Schritt sind die Auswirkungen der notierten Veränderungen auf die Form des Textes grob zu beschreiben und zu klassifizieren. Es können z. B. vorliegen

- stilistisch-sprachliche Verbesserungen (in Wortwahl, Tempus, Satzkonstruktion etc.),
- theologisch absichtsvolle Veränderungen der Wortwahl und des Textbestandes,
- Umstellungen von Textelementen der Vorlage (mit dem Ziel, ein neues Aussagegefälle anzulegen),
- Verkürzungen und Auslassungen (zur Straffung oder Neuakzentuierung der Vorlage),
- Erweiterungen – aus der Hand des Redaktors oder mit anderem traditionellen Material.

Diese Eingriffe wirken nicht nur im Kleinen, sondern können Veränderungen in den Strukturen des Gesamttextes, in seinen Wortfeldern und Sinnlinien, in den Erzähl- oder Argumentationsbögen nach sich ziehen. Zu klären ist in diesem Arbeitsgang auch, welchen Umfang und Grad die Veränderungen der Vorlage aufweisen, wo sich ggf. die redaktionellen Eingriffe häufen und welche Schwerpunkte sowie durchlaufende Linien der Veränderungen nachgezeichnet werden können.

Darüber hinaus ist nach dem Verhältnis der Bearbeitung zur Vorlage zu fragen:

- *Welche Aspekte der Vorlage werden aufgegriffen und weitergeführt?*
- *Welche Aspekte der Vorlage werden vernachlässigt oder gar unterdrückt?*
- *Wie knüpfen die Veränderungen an die Gegebenheiten der Vorlage an oder werden von ihr selbst gesteuert?*
- *Welche neuen Akzente werden durch die Bearbeitung gesetzt? Wie verhalten sie sich zu denen der Vorlage?*

(3) Kontext-Vergleich

In Verbindung mit der Kontextanalyse lassen sich in der Redaktionsanalyse unter diachronischen Gesichtspunkten der Standort und der Stellenwert des Textes in seinem Kontext bestimmen.

- *Inwieweit ist die Stellung im Kontext durch die Tradition vorgegeben?*
- *Wie stark geht sie auf den Redaktor zurück?*
- *Wie stark beeinflusst der redaktionell hergestellte Kontext den Sinn des Textes?*

(4) Situations-Vergleich

Im Zuge der Redaktion wird eine Text-Vorlage in eine neue Situation gestellt, die ihrerseits überhaupt erst die redaktionelle Bearbeitung einer Tradition motivieren kann. Die Analyse der Entstehungsverhältnisse auf den verschiedenen Überlieferungsstufen eines Textes kann die Redaktionsanalyse stark unterstützen.

- *Wie verhält sich die Entstehungs- und Überlieferungssituation des traditionellen zu derjenigen des redaktionellen Textes (Autor/Sprecher des Textes, Adressaten, Anlass bzw. Verwendungssituation)?*
- *Inwieweit motiviert die Entstehungssituation des redaktionellen Gesamt-Textes (Evangelium, Apostelgeschichte, Brief, ...) die Art und Weise der Redaktion des Einzeltextes?*
- *Wie stark soll gerade die redaktionelle Bearbeitung einer Vorlage in die gegebene neue Situation hinein sprechen?*

(5) Vergleich des soziokulturellen Umfeldes

Durch den Vorgang der Rezeption können die aufgegriffenen Traditionen in ein neues geographisches, soziales, politisches, kulturelles, religiöses und theologisches Umfeld gelangen. Dies wirkt sich u. U. auf das Verständnis von Realien, Gattungen, theologischen Begriffen und Motiven aus und spiegelt sich in deren Verwendung im redaktionell bearbeiteten Text. Umgekehrt lernt ein Redaktor von seinen Quellen.

- *Welche Veränderungen werden beim Vergleich von Text und Tradition im Verständnis von Begriffen und »Sachen«, von literarischen Konventionen, von Schriftzitaten oder theologischen Denkmustern etc. sichtbar?*
- *Wie stark ist das Verständnis dieser Elemente durch die Tradition selbst beeinflusst?*
- *Wie geht der Autor mit unterschiedlichem Verständnis besonders von theologischen Begriffen und Motiven in verschiedenen Traditionen um?*

7.3 Der Ertrag und der Zusammenhang mit anderen Methoden

Als komplementäre Ergänzung der Traditionsanalyse unterstützt die Redaktionsanalyse die Exegese eines Textes in mehrerlei Hinsicht.

Die Veränderungen, die ein Redaktor an seiner Vorlage vorgenommen hat, geben deutliche Fingerzeige auf dessen theologische Intention (unbeschadet der Tatsache, dass auch die unveränderten Textpartien relevant sind).

Der Vergleich zwischen Text und Vorlage gibt sowohl der Kontext- und Formanalyse als auch der Gattungs- und Motivanalyse eines gewachsenen Textes zusätzliche Tiefenschärfe. Oft erlaubt er eine präzisere Bestimmung der Entstehungssituation eines Textes

Der Stellenwert, den Traditionen im literarischen Werk eines Verfassers einnehmen, und der Umgang, den er mit ihnen pflegt, sind wichtige Kennzeichen sowohl für die Gattung des Gesamtwerkes als auch für die Art der Kommunikation zwischen dem Autor und seinen Adressaten.

Im Verbund mit der Traditionsanalyse hilft die Redaktionsanalyse den Gang der Überlieferung nachzuzeichnen und leistet so einen Beitrag zur Gedächtnisgeschichte der Jesusüberlieferung und zur Theologiegeschichte des Urchristentums.

7.4 Ein Beispiel: Die Taufe Jesu (Mt 3,13–17)

Der Theorie der Markus-Priorität zufolge hat Matthäus bei seiner Darstellung der Taufe Jesu im Jordan auf die markinische Version zurückgegriffen.[48] Der synoptische Vergleich weist neben fundamentalen Gemeinsamkeiten charakteristische Unterschiede auf. Gemeinsam sind die Angaben, dass Jesus, aus Galiläa kommend, von Johannes im Jordan getauft worden ist, dass sich danach der Himmel geöffnet hat und Gottes Geist wie eine Taube auf Jesus herabgestiegen ist und eine Stimme aus den Wolken Jesus als Gottes geliebten Sohn angeredet hat. Diese Gemeinsamkeiten erklären sich aus der Übernahme der markinischen Vorlage durch Matthäus.[49]

Darüber hinaus gibt es aber auch charakteristische Unterschiede. Die beiden wichtigsten sind die folgenden.

Erstens: Markus hat die Offenbarungsszene ganz aus der Perspektive Jesu dargestellt. Jesus sieht, wie der Himmel sich öffnet und der Geist Gottes herabschwebt; Jesus hört die Wolken-Stimme; nur *er* wird angeredet: »Du bist mein geliebter Sohn; an dir habe ich Gefallen gefunden« (Mk 1,11). Anders bei Matthäus (der sich an diesem Punkte mit Lk 3,21f berührt): Er stellt die Offenbarung bei der Taufe als öffentliches Ereignis dar. Zwar heißt es, dass *Jesus* den Geist kommen sah (3,16b); aber gleichzeitig redet Matthäus objektivierend davon, dass die Himmel sich öffneten und eine Stimme erklang, die dann auch nicht mehr Jesus direkt anredet, sondern eine Aussage über Jesus trifft: »Dies ist mein geliebter Sohn; an ihm habe ich Gefallen gefunden« (3,17). Diese Veränderung hängt mit der im Kontext gewandelten Funktion der Perikope zusammen. Bei Markus dient die Tauf-Erzählung der Einführung Jesu als Sohn Gottes. In seinem Gesamt-Konzept ist die Eingangsszene am Jordan mit der Verklärungsszene auf dem Berg (Mk 9,2–8) und der Kreuzigungsszene (Mk 15,39) verbunden: Was den Lesern schon zu Beginn mitgeteilt wird, erschließt sich ihnen dem vollen Sinngehalt nach erst durch die Lektüre des gesamten Evangeliums, einschließlich der Leidensgeschichte. Bei Matthäus hingegen stehen bereits die Kindheitsgeschichten voran (Mt 1–2). Jesus ist durch die Geburt aus der Jungfrau Maria, die Anbetung der Sterndeuter mit ihren königlichen Geschenken und die wunderbare Errettung vor dem mörderischen Herodes schon als Sohn Gottes eingeführt; die Tauf-Erzählung markiert demgegenüber den Beginn seines öffentlichen Wirkens.

Zweitens ist die matthäische Erzählung gegenüber der markinischen um einen Dialog zwischen dem Täufer und Jesus erweitert (3,14f). Die Wortwahl, insbesondere das Stichwort »Gerechtigkeit«, eine matthäische Vorzugsvokabel (vgl. 5,6.10.20; 6,1.33; 21,32), weist den Evangelisten selbst als den Redaktor aus. Der Einwand des Johannes: »Ich habe es nötig, von dir getauft zu werden, und du kommst zu mir?« zeigt ein apologetisches Motiv an: Matthäus setzt sich mit der Schwierigkeit auseinander, dass Jesus, den die Christen als den vom Täufer verkündeten »Stärkeren« (3,11) verehren, von Johannes getauft worden ist. Die Lösung des Problems sieht Matthäus im Grundverständnis der Sendung Jesu gegeben. Dieses Grundverständnis wird in Jesu Replik zum Ausdruck gebracht, die nach Matthäus sein erstes Wort überhaupt ist (3,15): »Es geziemt uns, alle Gerechtigkeit zu erfüllen!« Die Gerechtigkeit, die es zu erfüllen gilt, ist der umfassende Heilswille des Vaters. In der Begegnung mit Johannes weist Jesus sich selbst als derjenige aus, der sein gesamtes Leben und Sterben dieser Aufgabe unterstellt und auch Johannes in die Pflicht nimmt, seinen Dienst zu tun. Die Erfüllung der Gerechtigkeit nimmt ihren Anfang in der Taufe, weil sie Jesus öffentlich als den Sohn Gottes und Johannes als dessen Vorläufer auf dem »Weg der Gerechtigkeit« darstellt (21,32).

8 Sachanalyse

8.1 Die Aufgabe

Wer einen Text liest und versteht, greift dabei auf Vorwissen und Erfahrungen zurück. Dies geschieht bei allen Arten von Texten und läuft meist mehr oder weniger automatisch ab. Es werden die eigenen Vorstellungen von *Haus, Pferd, Bundeskanzler, essen, rennen* usw. assoziiert, wenn diese Worte in einem Text vorkommen. Ohne solche Assoziationen, ohne Vorkenntnisse und Vorverständnisse könnte kein Wort verstanden werden. Manchmal sind freilich Missverständnisse vorprogrammiert. Wenn ein Sprecher oder Schreiber Wörter in einem anderen Sinn verwendet, als ein Leser und Hörer ihn vermutet, erwartet und erkennen kann, wird die Verständigung schwer.

Wenn es darum geht, einen biblischen Text historisch zu verstehen, verschärft der Abstand der Jahrhunderte die Schwierigkeiten, die beim Verstehen von Texten grundsätzlich immer bestehen können. *Erstens* kann der Text Orte, Personen, Sachverhalte, Abläufe etc. erwähnen oder als bekannt voraussetzen, die dem Leser nicht vertraut sind. Und *zweitens* kann der (moderne) Leser mit einem Wort *andere* Vorstellungen, Erfahrungen und Wertungen verbinden als der Autor (und die ursprünglichen Adressaten). Beides ist sogar sehr wahrscheinlich, weil sich in den zweitausend Jahren seit Entstehung des Neuen Testaments das Weltbild, die Kultur, der Erfahrungshorizont grundlegend gewandelt haben.

Aufgabe der Sachanalyse ist es, die »Realien« zu bestimmen, die ein Text anspricht oder voraussetzt: historische Vorgänge und Ereignisse, Orte, Gegenstände, Namen und Personen, Institutionen und Konventionen etc. Unbekannte Sachverhalte müssen geklärt, das eigene Vorwissen muss kritisch überprüft werden.

Aus praktischen Gründen (besondere Hilfsmittel), aber auch wegen ihrer großen Bedeutung für die theologische Aussage des Textes werden an dieser Stelle religiöse (auch: philosophische und ethische) Begriffe und Vorstellungen noch ausgeklammert und in der Motivanalyse mit höherem Aufwand gesondert untersucht.

8.2 Das methodische Verfahren

Die Sachanalyse erfasst, auf welche außertextlichen Wissens- und Erfahrungsbestände seiner Leser der Text zugreift, welche Vorkenntnisse er voraussetzt, auf welche Vorgänge er eingeht. Diese Realien werden unter Heranziehen von Hilfsmitteln so genau bestimmt, wie es notwendig ist. Die Sachanalyse geht sorgfältig, aber auch ökonomisch vor. (Es macht nur begrenzt Sinn, ganze Bücher über antike Architektur zu lesen, nur weil der Text ein Haus erwähnt; aber wer Pilatus war, muss man genauer wissen, um seine Rolle im Jesusprozess zu bestimmen.)

(1) Identifizierung der für das Textverständnis wesentlichen Realien
Orientiert am Ideal historischer »Gleichzeitigkeit« muss prinzipiell alles, was der Text erwähnt oder als bekannt voraussetzt, einer kritischen Überprüfung dahingehend unterzogen werden, ob das Wissen und die Erfahrung, die der jeweilige moderne Leser damit assoziiert, hinreichend vollständig und historisch angemessen sind. In einer exegetischen Seminararbeit ist das allerdings kaum zu leisten. Eine Orientierung zur Auswahl relevanter Elemente bieten die folgenden Fragen:
- *Welche Sachverhalte spricht der Text an?*
- *Welche Realien sind nicht vertraut? Welche Erfahrungen sind fremd?*
- *Welche Sachverhalte sind für den Verlauf einer Erzählung oder Argumentation konstitutiv?*

Diese Fragen bieten noch keine Gewähr, dass alles Wesentliche erfasst wird, denn die Bedeutung einer Information für das Textverständnis wird oft erst ersichtlich, wenn sie vorliegt.

Deshalb sollte die eigene Untersuchung des Textes unbedingt durch Sekundärliteratur (z. B. wissenschaftliche Kommentare) abgesichert werden.

(2) Beschaffen der notwendigen Informationen

Einen ersten Anlaufpunkt für Informationen zu den Realien und zur Lebenswelt der Autoren und ursprünglichen Adressaten des Neuen Testaments bieten[50]:

- Kommentare
- Bibellexika
- historische Lexika zur griechisch-römischen Antike, zum (antiken) Judentum und zum frühen Christentum
- Bibelkunden
- Darstellungen der jüdischen und paganen »Umwelt des Neuen Testaments«
- Lehrbücher zur (Sozial-)Geschichte des Judentums (in der Zeit des zweiten Tempels) und des frühen Christentums.

Von hier aus erschließt sich bei Bedarf weitere Spezialliteratur. Um das Urteil abzusichern, ist es erforderlich, die in den Kommentaren, Lexika und Büchern genannten Quellentexte, aus denen die Informationen stammen, im Zusammenhang noch einmal nachzulesen.

8.3 Der Ertrag und der Zusammenhang mit anderen Methoden

Die Sachanalyse erhellt die Realien, auf die sich ein Text ausdrücklich oder implizit bezieht, und rekonstruiert so einen Teil des Wissens- und Erfahrungsschatzes, der beim Autor und den historischen Adressaten als Grundlage ihres Textverständnisses angenommen werden kann. So ergänzt die Sachanalyse die Ergebnisse der Situations-, der Gattungs- und der Motivanalyse und leistet einen unverzichtbaren Baustein für ein historisches Textverständnis.

An den Ertrag der Sachanalyse können weiterführende historische Fragestellungen anknüpfen, z. B. die Einleitungswissenschaft für Fragen der Datierung und Lokalisierung von Texten und Traditionen oder die historische Jesusforschung und die frühchristliche Sozialgeschichte durch Einblicke in das Milieu. All diese Weiterführungen profitieren zusätzlich davon, wenn im Zusammenspiel mit der Traditions- und Redaktionsanalyse die historische Umwelt der Texte differenzierter gezeichnet werden kann und z. B. Verschiebungen oder Veränderungen in den Sachbezügen festzustellen sind.

8.4 Ein Beispiel: Paulus vor dem Statthalter Gallio (Apg 18,1–17)

Die Erzählung vom Korinth-Aufenthalt des Paulus in Apg 18,1–17 erwähnt zwei Namen, die aus der römischen Geschichte auch sonst bekannt sind: den des Kaisers Claudius (V.2) und den des Prokonsuls Gallio (V.12).

Der Name ›Claudius‹[51] fällt im Zusammenhang mit einem Erlass, der nach Lukas erklären soll, weshalb der Jude Aquila und seine Frau Priszilla sich in Korinth aufhalten und dort mit Paulus zusammentreffen. Claudius habe angeordnet, dass alle Juden Rom verlassen (V. 2b). Der Zusammenhang zeigt, dass Priszilla und Aquila dem Christusglauben anhängen (bes. 18,18.26), also zu den in der Forschung so bezeichneten Judenchristen gehören. Auch Paulus erwähnt sie in seinen Briefen (1Kor 16,19; Röm 16,3–5; vgl. 2Tim 4,19). Sie sind mit ihm befreundet und haben offenbar eine prominente Rolle im frühen Christentum gespielt. Kaiser Claudius ist aus römischen Quellen gut bekannt; er regiert als Nachfolger des Gaius Caligula vom Januar 41 bis zum Oktober 54 n. Chr. Im Zusammenhang eines längeren summarischen Berichtes über verschiedene politische Maßnahmen des Kaisers gegenüber Nicht-Römern erwähnt Sueton (~ 70–130 n. Chr.) in seiner Claudius-Biographie auch das Folgende: »Die Juden, die –

von Chrestus aufgehetzt – fortwährend Unruhe stifteten, vertrieb er aus Rom.« (*Iudaeos impulsore Chresto assidue tumultuantis Roma expulit*; Claudius 25,4[52]).

Kann man die beiden Texte kombinieren? Sprechen sie vom selben Geschehen? Um diese Frage schwelt eine lange Diskussion unter Historikern, Altphilologen, Judaisten, Neutestamentlern und Kirchengeschichtlern. Ein Ja wäre überaus hilfreich für die Rekonstruktion der Frühgeschichte des Christentums in Rom. Dazu muss zweierlei angenommen werden: (1) dass die Namen Chrestus und Christus verwechselt wurden und nicht ein sonst unbekannter jüdischer Aufrührer namens Chrestus, sondern (Jesus) Christus gemeint ist; (2) dass Sueton oder seine Quelle irrtümlich den Auslöser eines Konfliktes unter den Juden – Jesus Christus – für den Unruhestifter selbst gehalten haben. Ist eine Verknüpfung der Texte erlaubt, dann ergeben sich faszinierende Einblicke in die Frühgeschichte des Christentums: Es hat in Rom unter Claudius schon eine Gemeinschaft von Christen gegeben. Sie scheint zumindest in wesentlichen Teilen ihre Wurzeln in den jüdischen Synagogengemeinden zu haben. Es hat in ihr (oder zwischen Judenchristen und Juden) Streit um den Christusglauben geben, so dass die Römer eingeschritten sind und die Ausweisung der Unruhestifter verhängt haben. Im Zuge dieser Maßnahme kommen Priska und Aquila nach Korinth und mit Paulus zusammen. Von hieraus werden sie offenbar wichtige Mitarbeiter der paulinischen Mission (vgl. Apg 18,18.26; 1Kor 16,19; Röm 16,3; 2Tim 4,19), die schließlich Paulus selbst nach Rom führt (vgl. Apg 28,16–31; Römerbrief).

Mit Gallio[53] trifft Paulus persönlich zusammen, als er von korinthischen Juden angezeigt wird. Die Klage wird abgewiesen. Wichtig ist die Szene nicht zuletzt für die Chronologie des paulinischen Wirkens, denn sie bietet den sichersten Ankerpunkt für eine Datierung. Gallio ist laut Apg 18,12 ἀνθύπατος τῆς Αχαίας [*anthýpatos tês Achaîas*], also der Prokonsul der senatorischen Provinz Achaia. Prokonsuln amtierten üblicherweise ein Jahr, selten zwei. Sie traten ihr Amt im Frühsommer an, wahrscheinlich am 1. Juli. Den Prokonsul L. Iunius Gallio[54] erwähnt auch eine in Fragmenten erhaltene Inschrift aus Delphi mit einem Erlass des Kaisers Claudius. Die Formulierung der Inschrift[55] (»... w[ie mir kürzlich] mein F[reund] un[d Prok]onsul [L. Iu]nius Gallio [mitteilte] ...«) ergibt: Gallio ist zum Zeitpunkt des Erlasses noch Prokonsul oder seine Amtszeit liegt gerade zurück. Die Inschrift enthält eine Datierung des Erlasses: »Tiber[ius Claudius Cäs]ar A[ugustu]s G[ermanicus] ... [Imperator da]s 26. Mal«. Die Akklamation eines Kaisers als Imperator erfolgte nicht regelmäßig, sondern nach militärischen Erfolgen. Aus anderen Inschriften ist zwar nicht das Datum der 26. Akklamation zu entnehmen, immerhin aber soviel: Die 26. Akklamation fiel wahrscheinlich in die erste Hälfte des 12. Regierungsjahres und sicher in die Zeit vor dem 1. August 52. Rechnet man den Beginn der Regierungsjahre des Claudius ab dem 25. Januar 41, so ergibt sich, dass der Erlass in der ersten Jahreshälfte 52 n. Chr. erfolgte. Unterstellt man weiter die übliche einjährige Amtszeit für Prokonsuln und einen Amtsantritt im frühen Sommer des Jahres, dann wäre Gallio spätestens vom Frühsommer 52 bis Frühsommer 53 Prokonsul von Achaia gewesen. Eher wird man aber – Gallio musste ja einen Bericht an den Kaiser geschickt und dieser dann reagiert haben – eine frühere Amtszeit annehmen, etwa Frühsommer 51 bis Frühsommer 52. In dieser Zeit hätte die Begegnung zwischen Paulus und Gallio stattgefunden.[56] Von diesem Datum aus kann man nun versuchen, aus Angaben der Apostelgeschichte (vgl. z. B. Apg 18,11) und der Paulusbriefe eine Chronologie der Paulusreisen (und der Paulusbriefe) zu erstellen.

Lukas erzählt, der Prozess, der gegen Paulus angestrengt wurde, habe mit einem Freispruch geendet. Gallio sieht er demnach als einen der vernünftigen, rechtlich denkenden und klugen Vertreter der römischen Macht, die erkennen, dass es kein Verbrechen ist, Christ zu sein. (Andere Vertreter dieser Linie, die ganz anders als die des Pilatus verläuft, sind der Stadtdirektor von Ephesus nach Apg 19 und der Gouverneur von Malta nach Apg 28,7–10.) In einer Zeit wachsenden Drucks auf das wachsende Christentum ist dies ein Akt theologisch-historischer Aufklärung. Er bewahrt die Christen davor, sektiererisch zu werden und in eine Fundamentalopposition zum Staat zu geraten; er kann die Gebildeten unter den Verächtern des Christentums davor bewahren, antichristlichen Vorurteilen aufzusitzen.

9 Motivanalyse

9.1 Die Aufgabe

In biblischen Texten finden sich immer wieder Worte, Metaphern, Bilder, Handlungsmuster, Vorstellungen, Themen, die eine vorgegebene, spezielle (theologische) Bedeutung haben. Diese Bedeutung ergibt sich weder schon aus dem allgemeinen lexikalischen Bedeutungsspektrum noch bereits aus dem aktuellen Verwendungszusammenhang im Untersuchungstext. Manchmal hat der einzelne Autor die »Sondersprache« geprägt. In den meisten Fällen aber ist dem Wort, Bild usw. seine besondere Bedeutung im Laufe der biblischen Überlieferungsgeschichte oder auch aus paganen Religionen oder Philosophien zugewachsen. Solche bedeutungsmäßig vorgeprägten, unselbständigen, aber argumentativ bzw. erzählerisch relevanten Textteile werden im Folgenden als »Motive« bezeichnet.

Das mit Motiv bezeichnete Material umfasst ein relativ weites Feld. Zu den neutestamentlichen Motiven gehören z. B.:

- *Zitate* aus der Schrift (des Alten Testaments);
- *Begriffe, Redewendungen und Sprachkonventionen*, die spezifisch gefüllt, eindeutig einem bestimmten Thema zugeordnet oder aus (theologischer, philosophischer, …) Sondersprache entnommen sind (z. B. christologische Hoheitstitel wie Menschensohn, Herr oder Messias/Christus);

Analyse

- *geprägte bildhafte Rede* wie Metaphern, Symbole, Vergleiche (z. B. die Bildwelt der Gleichnisse);
- *geprägte Themen* (z. B. die Erwählung Israels [Röm 9–11]), *Erzähl- und Gedankenzüge* (z. B. das Unvermögen der Jünger, das Wunder zu vollbringen [Mk 9,18; 2Kön 4,29–31]) und *Vorstellungen* (z. B. das endzeitliche Freudenmahl [Mt 8,11f par; Mk 14,25 parr]; der endzeitliche Kampf Gottes gegen den Satan [Lk 10,18; Offb 12]). Sie verfügen nicht nur über einen relativ klar umrissenen Inhalt, auch ihre Formulierung ist häufig vorgegeben (z. B. in der Wortwahl, dem Handlungsmuster oder der Textstruktur).

Motive sind assoziativ wirksam. Die Verwendung eines Motivs ruft vorgegebenes, meist traditionelles kulturelles, speziell auch religiöses Wissen ab: das Gedächtnis eines grundlegenden Geschehens (z. B. Tod und Auferweckung Jesu), die Erinnerung an eine intensive geschichtliche Gotteserfahrung (z. B. die Befreiung Israels aus Ägypten), Reflexionen über den Gang der (Heils-)Geschichte (z. B. die Gerechtigkeit des Strafens und die Barmherzigkeit des Vergebens Gottes), bestimmte ethische (Vor-)Urteile (z. B. die Figur des Zöllners, der im gesamten Raum des *Imperium Romanum* als notorisch Krimineller galt [vgl. Lk 18,9–14]) u. ä. Da sich dieses Wissen weder aus der konkreten Verwendung noch aus dem allgemeinen Bedeutungsspektrum ergibt, kann ein Motiv nur verstehen, wer den Hintergrund kennt. In den meisten Texten sind diese Motive nicht im Vollbild entwickelt. Es gehört gerade zur Eigenart der Motive, dass sie – auch ohne umfassend formuliert zu sein – im Hintergrund des Textes stehen können. Häufig sind sie Teil größerer geistesgeschichtlicher oder theologischer Konzeptionen und manchmal mit bestimmten Schulen oder Strömungen verbunden. So hängt ihre Verwendung stark mit dem kultur- und religionsgeschichtlichen Standort des Verfassers und seiner Adressaten zusammen.

Allerdings bedeutet die Verwendung eines Motivs nicht nur das Aufrufen und Weitergeben eines konservierten Wissens. Nicht selten wird vielmehr das Motiv in einem neuen Zusammenhang verwendet, modifiziert, kritisiert oder mit anderen Motiven kombiniert. Hier findet über das Bewahren hinaus eine Aktualisierung und Fortschreibung der Traditionen statt (unabhängig davon, ob diese Fortschreibung sachlich angemessen und gelungen ist). Analog zu den Gattungen gibt es auch bei den Motiven das Phänomen einer Motivgeschichte.

Die Motivanalyse ist ein Spezialaspekt der Semantik eines Textes. In vielen Methodenbüchern werden wesentliche Schritte des hier als Motivanalyse vorgestellten Verfahrens im Zusammenhang der sog. Traditionsgeschichte (oder auch Überlieferungsgeschichte) verhandelt, wobei sich z.T. Überschneidungen mit dem bei uns als Traditionsanalyse bezeichneten Verfahrensschritt ergeben. Von der Traditionsanalyse unterscheidet die Motivanalyse, dass es ihr nicht um direkte literarische Abhängigkeitsverhältnisse geht. Freilich ergeben sich Berührungen und Überschneidungen, denn (traditionelle) Motive werden nicht als solche überliefert, sondern immer eingebunden in einen Text. Die Unterscheidung ist dennoch sinnvoll, da sie darauf aufmerksam macht, dass nicht nur in der Form (durch die Gattungskonventionen), sondern auch in der Motivik eines Textes Vorgaben wirksam sind, die mit Fragestellungen und Verfahren der Traditionsanalyse nicht zu erreichen sind.

Die Aufgabe der Motivanalyse ist es, Bedeutung und Funktion der im Text verwendeten Motive zu klären. Um dieses Ziel zu erreichen, muss sie:

1. Motive im Text erkennen;
2. die Gestalt des Motivs, seinen Bedeutungsgehalt, seinen Verwendungszusammenhang, seine Herkunft und seinen geistesgeschichtlichen Kontext erhellen;
3. die sonstige Verwendung des Motivs durch den Autor untersuchen;
4. vor diesem Hintergrund die individuelle Ausprägung des Motivs und (auf der Basis der Formanalyse) seine Funktion im vorliegenden Text herausarbeiten.

9.2 Das methodische Verfahren

Um die Motivanalyse effektiv zu handhaben, bedarf es eines umfangreichen theologie- und religionsgeschichtlichen Wissens und exegetischen Fingerspitzengefühls. Anfänger sind bei diesem Methodenschritt auf Hilfsmittel und Vorarbeiten unbedingt angewiesen, weil ihnen relevante Vergleichstexte kaum in ausreichendem Umfang bekannt sind. Ein erster Anlaufpunkt sind die Kommentare, die theologischen Wörterbücher und die bibeltheologischen Lexika. Weitere Horizonte öffnen sich durch die Lektüre von Arbeiten zur religiösen Umwelt des Neuen Testaments sowie von Textsammlungen und Quelleneditionen.

Es kann günstig sein, sich in der selbständigen Arbeit zunächst auf den gut erschlossenen »Nahbereich« (literarischer Kontext, übriges Neues Testament, Altes Testament) zu beschränken, und erst in einem zweiten Schritt dann auch den Spuren in die Umwelt zu folgen, die von den Kommentaren gelegt werden.

(1) Feststellen eines Motivs

Manchmal signalisiert der Text direkt, dass er auf geprägtes Gut rekurriert (z. B. Röm 6,16: »Ihr wisst doch, ...«). In der Regel aber wird ein Motiv erst im Vergleich mit anderen Texten als Motiv erkennbar. Die Aufgabe besteht also darin Parallelen aufzuspüren.

Texte mit Motivparallelen kennt man aus eigener Lektüre, oder man ist auf Hilfsmittel angewiesen. Konkordanzen und theologische Wörterbücher führen bei solchen Motiven zum Erfolg, deren Formulierung stark festgelegt ist. Bei der Arbeit sollten auch Synonyme oder sinnverwandte Wörter überprüft werden. Die religionsgeschichtlichen Textsammlungen nennen zum Teil kursorisch, am Text des Neuen Testaments entlang, relevante Vergleichstexte oder sind über Sach- und neutestamentliche Stellenregister erschlossen. In umfangreicheren Kommentaren und in der Spezialliteratur werden Texte mit

Motivparallelen in der Regel genannt, z.T. sogar zitiert. Es ist aber trotzdem notwendig, Vergleichstexte in den Quellenausgaben zusammenhängend nachzulesen.

Die Auswahl der Texte, die für motivliche Parallelen herangezogen werden, sollte von vornherein mit Bedacht erfolgen. Es muss historisch einigermaßen plausibel sein (oder gemacht werden), dass gemeinsames geprägtes Gedankengut vorliegt. Dies gilt insbesondere dann, wenn Motiv-Parallelen aus paganen Religionen herangezogen werden.

(2) Gestalt, Herkunft, Verwendungszusammenhang und Bedeutungsgehalt des Motivs

Wenn ein signifikant gefüllter Begriff, ein Bild, ein Erzählmuster oder eine Vorstellung in mindestens einer literarisch unabhängigen Schrift belegt ist, kann auf einen traditionell vorgegebenen geprägten Bedeutungsgehalt geschlossen werden. Diesen gilt es dann zu klären. Voraussetzung für die folgende Arbeit ist es, dass alle literarisch unabhängigen Texte, die in die weitere Analyse einbezogen werden sollen, zunächst je für sich zumindest in Umrissen hinsichtlich Situation, Kontext, Form und Gattung analysiert wurden. (Hier hilft Sekundärliteratur zu den Vergleichstexten.) Um das Profil des Motivs herauszuarbeiten, können dann folgende Fragen gestellt werden:

- *Welche sprachliche Gestalt hat das Motiv in den verschiedenen Texten?*

Welche Gemeinsamkeiten gibt es? Welche Merkmale sind zentral und unverzichtbar? Welche Variationsmöglichkeiten gibt es in der Ausgestaltung?

- *Welche Inhalte sind mit dem Motiv verbunden?*

Was ist der gemeinsame inhaltliche Kern des Motivs in allen Texten? Welche Variationsbreite gibt es? Wo sind Variationen möglich und wo nicht?

- *In welchen thematischen Zusammenhängen begegnet das Motiv regelmäßig?*
- *In welchen Gattungen begegnet das Motiv regelmäßig? Auf*

welchen Verwendungszusammenhang (Sitz im Leben) verweisen sie?
- *Aus welchem geistes- und theologiegeschichtlichen Umfeld stammen die Texte, in denen das Motiv vorkommt?*

Entstammen sie den Schriften des Alten Testaments? Lassen sie sich Strömungen oder Gruppierungen des frühen Judentums zuordnen? Oder verweisen sie auf die pagane, hellenistisch-römische Geisteswelt?

(3) Untersuchung der weiteren Verwendung des Motivs durch den Verfasser

Nicht selten führt die Motivanalyse auch zu Texten in derselben Schrift oder vom selben Verfasser, die ebenfalls das untersuchte Motiv enthalten. Manchmal erweist sich ein Motiv sogar als Schöpfung des Autors. Jedenfalls muss die weitere Verwendung des Motivs in derselben Schrift (und in anderen Schriften des Autors) unbedingt in die Motivanalyse einbezogen werden.

- *Wo kommt das Motiv in derselben Schrift (oder in anderen Schriften desselben Verfassers) noch vor?*
- *Welche Gestalt hat es dort?*
- *Welcher Umgang mit dem Motiv und welches Verständnis des Motivs zeigen sich?*

(4) Beschreibung der individuellen Ausprägung und Funktion des Motivs im Text

Ist das Profil eines Motivs und seiner Verwendung hinreichend erkennbar, stellt sich die Frage nach seiner spezifischen Verwendung im vorliegenden Text. Es ist sowohl mit Tradition als auch mit Innovation zu rechnen.

- *Welche Merkmale des Motivs sind im Text realisiert?*
- *Welche Abweichungen von der Vorgabe sind festzustellen?*

Ausgehend von diesem Vergleich ist dann weiterführend nach dem Umgang des Textes mit dem Motiv zu fragen:

- *Welche Bedeutung hat das Motiv im Erzähl- oder Gedankengang des Textes?*

Welche Funktion erfüllt das Motiv im Zusammenhang des Textes? Welchen Stellenwert hat es für seinen Gedankengang? Welche Haltung zeigt der Text zum Motiv und seinem Inhalt (Zustimmung, Ablehnung, kritische Anverwandlung, ...)?

Welche Akzente setzt der Text bei der Rezeption des Motivs?
Werden bestimmte Aspekte besonders betont oder in den Hintergrund gerückt? Welche Veränderung der traditionellen Form und des geprägten Gehaltes zeigt der Umgang mit dem Motiv im vorliegenden Text? Welche Intention wird darin sichtbar? Welchem Stadium der Motivgeschichte ist die Ausprägung des Motivs zuzuordnen (sofern Hinweise dazu in der Literatur zu finden sind)?

Zusätzliche Tiefenschärfe kann die Motivanalyse durch die Traditions- und Redaktionsanalyse gewinnen, wenn diese sichtbar machen kann, in welcher Gestalt das Motiv dem Autor in seinen Quellen zugekommen ist und welche gezielten Variationen er in seiner redaktionellen Arbeit vorgenommen hat.

9.3 Der Ertrag und der Zusammenhang mit anderen Methoden

Indem sie aufhellt, welche Bedeutung mit bestimmten Teilen und Strukturen des Textes im Sinne seines Verfassers und nach dem Verständnis seiner ursprünglichen Adressaten hintergründig verbunden, mitgemeint und mitgedacht war, leistet die Motivanalyse eine Weiterführung der semantischen Textanalyse und einen unverzichtbaren Beitrag zu einem historisch-kritisch ausgerichteten Verständnis des Textes.[57] Im Zusammenspiel mit anderen Methoden kann sie insbesondere von der Traditions- und Redaktionsanalyse, die möglicherweise die vorgegebene Gestalt und den Umgang des Verfasser mit dem Motiv genauer erkennen lassen, profitieren.

Die Motivanalyse zeigt (ähnlich wie die Gattungsanalyse), dass die neutestamentlichen Theologen nicht im luftleeren Raum operieren, sondern Kinder ihrer Zeit sind. Im Gespräch, auch im Streit mit anderen frühchristlichen Positionen ringen sie um ein angemessenes Verstehen und Bezeugen des Christusgeschehens. In Auseinandersetzung mit den maßgeblichen alttestamentlich-jüdischen und paganen geistesgeschichtlichen Strömungen und Positionen suchen sie das Spezifikum des Christusglaubens zu formulieren. Indem sie diese Zusammenhänge vor Augen führt, leitet die Motivanalyse zur theologie- und religionsgeschichtlichen Einordnung der neutestamentlichen Theologien über.

9.4 Ein Beispiel: Das Lamm Gottes (Joh 1,29.36; Apg 8,32–35; 1Kor 5,7; 1Petr 1,19; Offb 5,6–12)

Das erste Zeugnis, das der Täufer nach dem Johannesevangelium im Angesicht Jesu abgibt, lautet: »Seht, das Lamm Gottes, das hinwegnimmt die Sünde der Welt!« (1,29; vgl. 1,34.36). Der Seher Johannes schaut den erhöhten Christus im himmlischen Thronsaal als »ein Lamm«, das aussah »wie geschlachtet und hatte sieben Hörner und sieben Augen« (5,6; vgl. 5,8f.12). Paulus schreibt an die Korinther: »Unser Paschalamm ist geschlachtet: Christus!« (1Kor 5,7). Der Erste Petrusbrief nennt Jesus »unschuldiges und unbeflecktes Lamm« (1,19). Die Apostelgeschichte zitiert in der Episode mit Philippus und dem Kämmerer Jes 53,7–8 und deutet das Schaf, das zur Schlachtbank geführt wird, auf Jesus Christus.

Auf den ersten Blick scheinen die Stellen eng zusammenzugehören. Auf den zweiten Blick zeigt sich, dass man nicht jedes Lamm in der Bibel »über einen Kamm scheren«[58] kann. Schon der griechische Text weist auf große Unterschiede hin. Der Evangelist Johannes spricht wie »Petrus« vom ἀμνός *[amnós]*, dem ca. einjährigen Schaf, der Apokalyptiker vom ἀρνίον *[arníon]*, dem (jungen) Schaf[59], Paulus vom πάσχα *[páscha]*, dem geschlachteten Paschalamm, Lukas zitiert aus Jes 53,7f πρόβατον *[próbaton]*, das (männliche) Schaf, und ἀμνός *[amnós]*, das Lamm. Die Motivanalyse führt zu verschiedenen Ursprungsorten und verschiedenen Verbindungen der Christus-Symbole.

Unzweideutig ist die Motivgeschichte von 1Kor 5,7. Das Paschalamm ist nach dem Grundtext Ex 12 das Symbol des Exodus, der Befreiung aus dem Land des Todes und der Führung in das Land des Lebens. Das gemeinsame Essen symbolisiert die Gemeinschaft des Gottesvolkes. Das Blut, das an die Türpfosten gestrichen werden soll, garantiert den Schutz vor dem Tod, der durch die Hand Gottes alle trifft, die nicht zur Gemeinde Israel gehören (Ex 12,19), und eröffnet somit den Weg des Exodus. Im späten Alten Testament (vgl. 2Chron 30,15–18) und im Frühjudentum (vgl. Jub 49; Jos, Ant 2,312) bleiben die apotropäisch-soteriologische und die »ekklesiologische« Dimension mit wechselnden Akzenten verbunden. Von einer Sühnewirkung verlautet nichts; erst späte rabbinische Texte lassen sie anklingen. (Das Paschafest setzt ja die Reinheit der Mahlteilnehmer voraus; nach 2Chron 30 wird sie ggf. nicht durch das Opfer, sondern durch die Fürbitte des Hohenpriesters gewirkt.) Allerdings gewinnt das Pascha-Opfer im Frühjudentum nicht selten eschatologische Bedeutung: Es verheißt die endgültige Rettung (MekEx 12,42) durch den Messias, der in der Paschanacht kommt (TgEx 12,42).

Paulus rezipiert das Motiv (das ihm vorgegeben sein dürfte) in den vorgezeichneten soteriologisch-ekklesiologischen Bezügen: Dass Christus als Paschalamm geschlachtet worden ist, verpflichtet die (korinthische) »Gemeinde Gottes« (1Kor 1,2), jene Christen auszugrenzen, die sich der Blutschande schuldig gemacht haben (5,1–8). Das Symbol des Paschalammes stellt Jesus als den vor, durch den Gott die Zugehörigkeit zu seinem heiligen Volk und damit die endgültige Befreiung aus dem Reich des Todes wirkt.

Auf eine andere Spur führt Joh 1.[60] Zwar hat der Vierte Evangelist auch einen Zugang zur Pascha-Christologie (vgl. 13,1ff); denn nach Joh 19,14 ergeht das Urteil des Pilatus »am Rüsttag des Paschafestes, um die sechste Stunde«, da im Tempel die Paschalämmer geschlachtet werden. Dass Johannes eine hintergründige Verbindung mit der Rede vom »Lamm Gottes« in Kapitel 1 gesehen hat, sollte nicht geleugnet werden. Aber das Zeugnis des Täufers lässt nicht eigentlich an das Paschalamm denken, sondern an jenes »Lamm« (ἀμνός), mit dem nach Jes 53,7^{LXX} der Gottesknecht verglichen wird. Entscheidend ist die Rede vom Wegtragen der Sünde (αἴρειν τὴν ἁμαρτίαν), die Jes 53,4.8.12 anklingen lässt. Johannes hat in großartiger Konzentration auf ein einziges Bildwort das gesamte Vierte Gottesknechtlied zusammengefasst. Jes 53 vergleicht den Gottesknecht mit einem Lamm, insofern er sich stumm und ergeben, auf Gewalt und Rache verzichtend, in sein Todesgeschick fügt, das »den Vielen«, die allesamt schuldig geworden sind, zur Rettung werden soll. Darin klingt die Theologie der Sühne durch Stellvertretung auf. Johannes legt sie (aus alter Tradition) als *ein* wichtiges Moment seiner eigenen Deutung des Todes Jesu zugrunde[61], die auf die soteriologische Einheit von Kreuz und Erhöhung abstellt (3,14f). Bei ihm erscheint »Lamm Gottes« als christologischer Hoheitstitel, der Jesu gesamten Erdenweg bis zum Kreuz (im Sinn von Joh 3,16) als Heilsweg kennzeichnet, der durch seine Lebenshingabe geprägt ist (10,11).

In der Philippus-Episode Apg 8 wird Jes 53,7f ohne einen sühnetheologischen Anklang zitiert; entscheidend ist das Motiv der Erniedrigung und Erhöhung des leidenden Gottesknechtes, das zur lukanischen Sicht des Todes Jesu passt.

Wieder anders ist der motivgeschichtliche Hintergrund im Ersten Petrusbrief. Zwar paraphrasiert er in christologischem Interesse ausführlich Jes 53 (2,21–25) und appliziert das sühnetheologische »Durch seine Wunden seid ihr geheilt« (2,24 [Jes 53,5]), auch wenn er vor allem an der vorbildlichen Gewaltlosigkeit des Gottesknechtes interessiert ist. Insofern ist eine makrokontextuelle Querverbindung zu 1,19f nicht auszuschließen. Aber dort ist betont, dass das Blut Jesu zur Rettung der Glaubenden führt, dass es »teuer« (τίμιος) ist (vgl. 1Kor 6,20), nicht zu vergleichen mit Silber oder Gold (ἀργύριον καὶ χρυσίον), und von einem »fehlerfreien und makellosen Lamm« (ἀμνὸς ἄμωμος καὶ ἄσπιλος) stammt. Das ist aus Jes 53 nicht zu erklären. Auch das Motivfeld des Pascha ist in diesem Fall kaum fruchtbar geworden. Zwar muss auch das Osterlamm »vollkommen« sein (Ex 12,5^{LXX}: τέλειος), aber dem Blut wird keine Sühnewirkung zugesprochen, die jedoch 1Petr 1,19ff voraussetzt. Eher ist an die in Lev 5,14–26 genannten und in Num 5,5–8 rekapitulierten Schuldopfer für sakrale und soziale Vergehen des Einzelnen zu denken, die, absichtlich oder unabsichtlich begangen, aus der Gemeinde Israel ausschließen und nur durch das Bekenntnis der Sünden, die Wiedergutmachung, letztlich aber durch die kultische Sühne, die der Priester vollzieht, vergeben werden können. Geopfert wird ein Widder (κριόν *[krión]*), der aus den Schafen (πρόβατα) genommen wird. Von ihm heißt es nicht nur, er habe, wie andere Opfertiere auch (vgl. Lev 22,17–25), ἄμωμος, »fehlerfrei« (Lev 5,15.18.25), zu sein. (Griechische Texte, die von der kultisch reinen Opfergabe sprechen, verwenden gerne ἄσπιλος.) In Lev 5 findet sich auch regelmäßig die Angabe, der Widder müsse – normalerweise – einen bestimmten »Wert« (τιμή *[timé]*) haben (5,15.18.25), und zwar (Lev 5,15.18) den von zwei Silberschekeln (LXX: ἀργύριον). Überdies heißt es in der Septuaginta-Version von Num 5, abweichend vom hebräischen Text, der Schuldige werde »aus seiner Sünde freigekauft« (ἐξαγορεύσει). Zwar wird in den Passagen nicht ausdrücklich vom Blut geredet. Aber der Ritus, der in Lev 7,1–10 beschrieben wird, ist eine klare Illustration des opfertheologischen Grundsatzes von Lev 17,11–14, demzufolge das Blut als Träger des Lebens, indem es vom Priester an den Altar gesprengt wird, die Sühne bewirkt. Hier setzt die Linie an, die der Erste Petrusbrief auszieht, wenn er die Heilsbedeutung des Opferblutes Jesu (1,18ff) darin sieht, die Christen aus der Sklaverei ihrer Sündenschuld freizukaufen (ἐλυτρώθητε ἐκ τῆς ματαίας), um sie zu einer »heiligen Priesterschaft« werden zu lassen (2,4–10). Die »Fehler-« und »Makellosigkeit« des Opferlammes Jesus verweist auf seine

Analyse

Sündlosigkeit, der unermessliche Wert seines Blutes auf seine essentielle Gottzugehörigkeit, an der seine Heilsbedeutung hängt.

Am schwierigsten ist der motivgeschichtliche Hintergrund von Offb 5 auszuleuchten. In der Johannes-Apokalypse ist ἀρνίον (mit 28 Belegen) einer der wichtigsten Christus-Titel. In Offb 5 verbindet er sich mit dem Opfertod Jesu (5,6) und der rettenden Kraft seines Blutes (5,9), aber auch mit seiner Erhöhung zum Throngenossen Gottes. Eine einheitliche Tradition gibt es nicht. Johannes hat verschiedene Bild-Motive zu einem neuen Gesamt-Bild zusammengesetzt. *Eine Linie* führt zurück zum geschlachteten Paschalamm (Ex 12,6). In Ex 12,5^{LXX} wird es nicht nur als ἀμνός *[amnós]*, sondern auch als ἀρήν *[arên]* vorgestellt, wovon die Koine den (als solchen nicht mehr empfundenen) Diminutiv ἀρνίον *[arníon]* bildet.[62] Freilich ist die Betonung des sühnenden Blutes kaum aus der Pascha-Tradition abzuleiten. Hier wird man an eine kühne Motiv-Kombination mit den Opferwiddern des Schuldopfers zu denken haben.[63] (Die Sachparallele im Ersten Petrusbrief ist auffällig.) Das Blut Jesu begründet durch seine sühnende Kraft das Königtum und Priestertum der Heiligen (vgl. Offb 7,14), die es »aus jedem Stamm und jeder Sprache und jedem Volk und jeder Nation freigekauft (ἀγοράζω)« hat (5,9).

Allerdings ist damit nicht die theologisch entscheidende Verbindung mit der Erhöhung erklärt. Dazu muss eine *andere Linie* verfolgt werden. Sie führt in die frühjüdisch-apokalyptische Königstheologie: Nach äthHen 89,42–49 werden im Rahmen einer großen Vision der Geschichte von Adam bis zum Messias sowohl David als auch Salomo als »Lamm« vorgestellt, das Gott zu einem »Widder und Anführer der Schafe« gemacht hat.[64] Das passt bestens zu Offb 5, weil Jesus einleitend als »Löwe aus dem Stamme Juda« und als »Wurzel Davids« (5,5) gezeigt wird. Freilich ist das Motiv bei Johannes messianisch, eschatologisch und kosmisch gesteigert. Die sieben Hörner (vgl. äthHen 90,9.12.37f mit Offb 13,11) und die sieben Augen (vgl. Sach 4,10 mit Offb 1,4) versinnbildlichen, dass der Erhöhte an Gottes Allmacht und Allwissenheit teilhat. Die motivgeschichtlichen Spuren führen in die Welt der hellenistisch-jüdischen Astrologie: Der Widder, das Sternzeichen des Frühjahrsäquinoktiums, steht bei den Griechen für den Kriegsgott Ares; ein Jahr, das im »Haus« des Widders beginnt, wird im Frühjudentum als ein Jahr »apokalyptischer« Katastrophen erwartet (vgl. TrSem 1,1–13[65]).

Vor diesem Hintergrund zeichnet sich die christologische Pointe des Christus-Symbols in Offb 5 ab: Die Welt steht zwar im Zeichen des Kampfes; aber sie wird nicht von Ares regiert, sondern von dem einen Gott, der seine Herrschaft aufrichtet. Deshalb ist der »Widder«, der den kosmischen Gang der Zeiten bestimmt, gerade das »geschlachtete Lamm«, dessen Blut eschatologische Heilsbedeutung hat. Wie Gott Israels einzig wahre Könige, David und Salomo, *als* Lamm zum Widder, d. h. zum Leittier der ganzen Herde gemacht hat, so auch Jesus; nur dass die Henoch-Apokalypse betont, das »Lamm« sei durch Gottes Gnade zum »Widder« gemacht worden, während die Johannes-Apokalypse betont, der »Widder« sei durch Gottes Gnade gerade das »geschlachtete Opferlamm«, weil nach Gottes eschatologischem Heilswillen sein Blut »aus jedem Stamm und jeder Sprache und jedem Volk und jeder Nation« ein Volk von Königen und Priestern erworben hat (Offb 5,9f).

Entscheidend ist der christologische Grundgedanke, dass gerade der Opfertod Jesu durch die Auferstehung seine gottgleiche Würde begründet (5,8). Das vielfarbige Bildmotiv des Lammes bot die Möglichkeit, beide Seiten zusammenzusehen. Die Wahl des seltenen Wortes ἀρνίον *[arníon]* mag darin begründet sein (auch wenn sie nicht durch eine griechische Version von äthHen 89 vorgegeben sein sollte): Es lässt eine entfernte Erinnerung an das Paschalamm aufkommen, vielleicht auch an den verfolgten Propheten (Jer 11,19), es ist aber auch offen genug, jene messianischen Königstraditionen an sich zu ziehen, die Israels Hoffnung auf die kosmische Herrschaft seines Gottes zum Ausdruck bringen.

Interpretation und Rekonstruktion

Orientierung

Die »Kleine Methodenlehre« konzentriert sich auf die Textanalyse. Sie muss im akademischen Studium trainiert werden, damit die Kunst der Exegese gelernt werden kann. In breiten Arbeitsfeldern bleibt die Exegese mit gutem Grund auf der Ebene der philologischen Analyse:
- Sie klärt textkritische Probleme.
- Sie beantwortet einleitungswissenschaftliche Fragen.
- Sie erhellt die Entstehungsgeschichte einer neutestamentlichen Schrift, einer Schriftengruppe, eines einzelnen Textes.
- Sie arbeitet die – individuelle und typische – Struktur, die »Partitur« eines neutestamentlichen Textes heraus.
- Sie schreibt die Geschichte einer Gattung.
- Sie treibt Realienkunde.
- Sie untersucht die Wandlungen eines Motivs.

Im Regelfall aber zielt die Analyse auf die Interpretation, manchmal auch auf die historische Rekonstruktion. Dann besteht die Kunst der Exegese darin, einerseits – möglichst unvoreingenommen – die Texte selbst sprechen, also die Ergebnisse der Analyse zu ihrem Recht kommen zu lassen, andererseits aber Analyse und Interpretation resp. Rekonstruktion zu einer organischen Einheit zu verbinden. Der Erkenntnisweg führt immer von der Analyse zur Interpretation und Rekonstruktion. Aber interpretatorisch gewonnene Einsichten helfen, in der Analyse die richtigen Fragen zu stellen. Analyse und Interpretation bewegen sich in einem hermeneutischen Zirkel.

Wenn in diesem Buch »Interpretation« und »historische Rekonstruktion« knapper als die Analyse verhandelt werden, liegt darin keine Abwertung. Im Gegenteil: Im Studium steht eine Einführung in die Methodik meist am Anfang; dieser Anfang zielt auf die Auslegung der Texte und die Schärfung historischer Urteilskraft. Bei aller methodischen Disziplin werden die Interpretations- und Rekonstruktionsarbeit aber weniger schulmäßig verlaufen; sie sind stark von den zu bearbeitenden Texten, aber auch den Fragestellungen und Untersuchungsinteressen abhängig. Deshalb kann sich ein Methodenbuch mit kurzen Hinweisen begnügen.

Eine Seminararbeit sollte zwischen Analyse und Interpretation unterscheiden, aber nicht den Verlauf der Arbeit dokumentieren, sondern das Ergebnis mit allen als wichtig erkannten Beobachtungen, Argumenten und Schlussfolgerungen präsentieren.

1 Interpretation

Die Interpretation der Texte ist das Hauptziel der Exegese. Die Analyse zielt auf die Auslegung, umgekehrt setzt jede Interpretation eine philologisch exakte Text-Analyse voraus. Die Interpretation kann (noch) weniger in ein technisches Standardverfahren übersetzt werden als die Analyse. Die Vielzahl der Fragestellungen und der Aussageaspekte, die es zu entdecken gilt, ist schier unbegrenzt. Die Exegese hat auch neu die Mehrschichtigkeit biblischer Texte entdeckt. Gleichwohl ist die Auslegung alles andere als reine Intuition im freien Spiel der Assoziationen. Sie folgt vielmehr ihrerseits strengen methodischen Regeln. Entscheidend ist die Angemessenheit gegenüber dem Text und der »Sache«, von der er handelt. Texte wollen so verstanden sein, wie sie sich selbst verstanden haben – aber sie wollen heute verstanden werden, von Menschen, die nach dem geschichtlichen Sinn der Schrift fragen.

1.1 Vorverständnis und Fragestellung

Es gibt kein Lesen und Verstehen von einem »archimedischen Punkt« aus, der jenseits des Textes und seiner Geschichte läge. Wer heute einen biblischen Text erklären und verstehen will, kann dies nur von einem heutigen Standpunkt aus, der durch eine Fülle von Einflüssen geprägt ist. Nicht nur persönliche Vorlieben spielen eine Rolle, auch kulturelle Prägungen. Im Rahmen der Schriftauslegung kommen geschichtliche und theologische Faktoren hinzu: Das Neue Testament wird im Gottesdienst als »Wort des lebendigen Gottes« verkündet; es ist, zusammen mit dem Alten Testament, die Basisschrift unserer Kultur, die unsere Vorstellungen von Wahr und Falsch, Wichtig und Unwichtig, Gut und Böse, Hässlich und Schön entscheidend geprägt hat. Wer sich mit Exegese näher befasst, stellt fest, wie viele intensive Bemühungen um den Textsinn es von ältesten Zeiten an bis in die Gegenwart hinein gegeben hat und gibt. Wer sein eigenes Vorverständnis nicht kritisch überprüft, ist naiv.

Deshalb ist der erste Schritt auf dem Weg der Interpretation, das Vorverständnis zu klären. Gemeint ist damit, dass die individuellen Vorkenntnisse, Vorprägungen, Erwartungen und Zielsetzungen geklärt und einer kritischen Überprüfung am Text und im Verlauf methodischer Exegese zugeführt werden. Das ist ein permanent ablaufender Prozess, der nicht in einem eigenen Arbeitsschritt dokumentiert zu werden braucht, sondern die Voraussetzung dafür schafft, dass überhaupt von wissenschaftlicher, d. h. methodisch kontrollierter Schriftauslegung geredet werden kann.

Die Klärung des Vorverständnisses dient dazu, den eigenen Fragehorizont, die Erwartungen und Interessen, die Vorkenntnisse und Vorurteile, die Vermutungen und Befürchtungen, die ersten Eindrücke und die Zielsetzung zu verdeutlichen und an den Texten zu überprüfen, um in Kontakt mit ihrer Sinnwelt zu kommen, mit ihrer Rede von Gott und Jesus Christus, vom Heiligen Geist und der Kirche, von den Menschen und der Welt, von Schuld und Sühne, von Glaube, Hoffnung, Liebe.

Es geht nicht um ein persönliches Glaubensbekenntnis, sondern um ein historisches und theologisches Verstehen dessen, was den neutestamentlichen Texten wichtig ist. Die Exegese hat sicherzustellen, dass die biblischen Texte nicht mit jeweils modernen Erwartungen und Anmutungen befrachtet werden, sondern ihr eigenes Wort erheben können. Wie dies geschehen kann, beschreibt differenziert eine »Hermeneutik« des (Alten und des) Neuen Testaments.

Aus der Klärung des Vorverständnisses entwickelt sich im Gespräch mit dem Text – und, wenn möglich, mit der Geschichte seiner bisherigen Auslegung, nicht zuletzt aber auch der neueren Forschung – die Fragestellung einer exegetischen Arbeit. Sie basiert auf der Hauptaufgabe exegetischer Interpretation, der Erschließung des geschichtlichen Schriftsinnes. Ein Text, der nicht befragt wird, kann auch nicht antworten. Keine Frage, die an den Text gestellt wird, ist selbstverständlich. Zwar gibt es in der Exegese keine Denkverbote und schon gar keine Fragetabus. Aber zu erkennen, welche Fragen solche sind, die (implizit) ein Text selbst stellt (was ihn interessant, wichtig, problematisch, kurz: frag-würdig) macht, ist ein wesentlicher Schritt der Interpretation.

1.2 Einzelexegese und Gesamtschau

Die exegetische Hauptarbeit ist die Auslegung der Texte. Sie vollzieht sich oft ähnlich wie in der Form eines Kommentars. Nachdem der Textbestand geklärt, ggf. die Situation, (nahezu) immer aber der Kontext, die Form und Gattung sowie Tradition und Redaktion analysiert worden sind, werden Vers für Vers und Sequenz die wichtigen Aussagen interpretiert, die schließlich in einer Zusammenschau gebündelt werden.

Die Einzelauslegung in Form der Vers-für-Vers-Exegese folgt genau dem Duktus des Textes. Sie setzt die Analyse voraus und wertet sie konzentriert aus. Wort für Wort, Satz für Satz, Abschnitt für Abschnitt erschließt sie den geschichtlichen Aussagesinn und stellt ihn im Zusammenhang dar.

Grundsätzlich kann die Einzelexegese auf allen Wachstumsschichten eines Textes durchgeführt werden (wenngleich zumeist der Endtext im Blickpunkt steht). Die Gliederung der Einzelauslegung ist durch die Beobachtungen zur Struktur des Textes vorgegeben. Kleinste Interpretationseinheiten sind die Gliederungsabschnitte des Textes. Zur Einzelexegese gehören:
- die Erhebung von geographischen, geschichtlichen, sozialen, rechtlichen, kulturellen Informationen und Tatbeständen (s. Sachanalyse)
- die Zusammenführung und Auswertung der Beobachtungen aus der narrativen resp. rhetorischen Analyse zur Struktur des Textes (auf der Basis der Formanalyse): Personen, Rollen, Charaktere, Handlungssequenzen etc. oder Argumentationsduktus und Aussageziel einzelner Passagen wie des gesamten auszulegenden Textes;
- die Klärung der Bedeutung von einzelnen Wörtern, Sätzen und Texteinheiten (s. Motivanalyse);
- die Klärung der Voraussetzungen und der Bedeutung der einzelnen Argumentations- bzw. Erzählschritte unter besonderer Berücksichtigung der in der Form- und Gattungsanalyse herausgearbeiteten Hinweise auf Schwerpunkte und Pointen;
- die Einordnung in den theologischen Duktus des Kontextes (auf der Basis der Kontextanalyse);
- die zusammenfassende Herausstellung der wesentlichen Aussagen unter besonderer Berücksichtigung des Adressatenbezuges, der Genese des Textes und der Theologie des Autors.

Ziel der Auslegung ist es, aus der Entstehungssituation heraus ein farbiges Bild des geschichtlichen Aussagesinns zu entwerfen. Das Hauptthema und die Hauptaussage des Textes müssen deutlich herauskommen, ohne dass die Seitenthemen, die Nebenaussagen und Implikationen verschwiegen werden. Sowohl das Unverwechselbare des jeweiligen Einzeltextes als auch das Typische einer Schrift oder eines Autors sollen sichtbar gemacht werden. Sowohl durch die Akzentuierung der Autorintention, der Leserrezeption oder des Textsinns (bzw. der gezielten Verbindung aller drei Perspektiven) als auch durch die Berücksichtigung der Diachronie kann die Einzelexegese an Format gewinnen.

Sie ist im hermeneutischen Zirkel der Bibelwissenschaft immer auf eine (theologische) Gesamtschau hingeordnet: Einerseits können das Verständnis einer ganzen Schrift, die Theologie eines Autors, die prägenden Überzeugungen einer Leser-Gemeinde immer nur aus einer Vielzahl und Vielfalt von Detailbeobachtungen erwachsen. Andererseits wird das Aussageprofil eines Textes erst dann deutlich, wenn es in die größeren Zusammenhänge eingeordnet wird, die sich durch seinen Kontext, das Gesamtwerk seines Autors und die Lebenswelt seiner Adressaten ergeben.

Auslegen heißt in diesem hermeneutischen Zirkel: Erklären und Verstehen. Beides gehört in der Exegese eng zusammen. *Erklären* heißt, die Aussage eines Textes aus seinen eigenen geschichtlichen Voraussetzungen heraus zu rekonstruieren: weshalb er unter den Bedingungen seiner Entstehung und in der Sprache seiner Zeit genau das sagt, was er sagt. Entscheidend ist die konstruktive Aufnahme und Auswertung all dessen, was in der Analyse über den Anlass und die Rahmenbedingungen, den Autor und die Adressaten, den Kontext, die Form und die Gattung, die Motive und die Genese des Textes in Erfahrung gebracht worden ist. Die Bedeutung einzelner Wörter und Sätze, aber auch ganzer Texte und Schriften wird erhellt, ihre Vor- und Nachgeschichte untersucht, ihre theologische Position im Vergleich mit anderen Aussagen innerhalb wie außerhalb des Neuen Testaments bestimmt. Im Ergebnis lässt sich nachvollziehen, wie es zu der bestimmten Aussage gekommen ist und worin sie bestanden hat.

Verstehen ist umfassender. Wenn das Erklären den Textsinn aus seinem geschichtlichen Horizont heraus zu erhellen sucht, so das Verstehen aus seinem theologischen: Was die neutestamentlichen Schriften – vor dem Hintergrund des »Alten Testaments« – über das Heilshandeln Gottes durch Jesus Christus aussagen und in Verbindung damit über die Welt und den Menschen, über die Geschichte und die eschatologische Vollendung, über Sünde und Vergebung, über Glaube, Hoffnung und Liebe zu erkennen geben – all dies wird im Prozess des Erklärens als geschichtliche Aussage neutestamentlicher Texte erschlossen; im Prozess des Verstehens wird genau das, was auf diese Weise ausgesagt ist, als der theologische Horizont wahrgenommen, in dem die geschichtlichen Aussagen überhaupt nur getroffen werden konnten. Verstehen intensiviert das Erklären. Im Prozess des Verstehens wird der Wahrheitsanspruch, den die Texte erheben, ernstgenommen: nicht unbedingt in dem Sinn, dass er persönlich von den Exegeten geteilt wird; wohl aber in dem Sinn, dass gezeigt wird, wie er im Horizont des Textes mit seinem Thema, seiner Aussage und seiner Form zusammenhängt.

1.3 Autorintention, Leserrezeption, Textsinn

Die traditionelle Aufmerksamkeit der Exegese gilt der Intention des Autors. Was er mit Hilfe des Textes zu sagen hat, soll in Erfahrung gebracht werden. An der traditionellen Fixierung auf die Autorintention lässt sich mit Recht Kritik üben. Auch die Frage, wie viel ein Text von seinem Autor verrät oder verbirgt, muss gestellt werden. Schließlich hat gerade die historisch-kritische Forschung gezeigt, dass es notwendig ist, zwischen dem »realen« und dem »impliziten« resp. dem »fiktiven« Autor zu unterscheiden: also zwischen jener historischen Gestalt, die den Text »zu Papier gebracht« hat, und jener »literarischen« Gestalt, als die sich der historische Verfasser im Text durch dessen Thema, Machart und Aussage präsentiert (Paulus z. B. als »Apostel Jesu Christi« in seinen Briefen) oder als die ein Text einen Verfasser präsentiert, der nicht mit dem geschichtlichen Autor identisch ist (wie im Beispiel der Pseudepigraphie). Überdies liegt es im Grundzug der Exegese, auch die Bedeutung der ersten Leser und ihrer Text-Rezeption zu würdigen; und schließlich vermag sie gerade von der Rezeptionsgeschichte her einen ureigenen Textsinn zu erkennen, der nicht unbedingt deckungsgleich mit der Autorintention und der Leserrezeption zu sein braucht.

Alle drei Aspekte haben ihre je eigene Berechtigung. Sie sind vielfach miteinander verwoben, lassen sich aber methodisch stärker unterscheiden, als dies in Methodenlehren meist geschieht. Der exegetischen Auslegung steht es prinzipiell frei, sich vor allem um die Intention des Autors oder um die Rezeption der Leser oder um den Sinn des Textes zu kümmern. Es muss nur offengelegt werden, *worauf* sich das Untersuchungsinteresse richtet; es muss geprüft werden, wie erfolgreich die Interpretationsarbeit angesichts des Quellenmaterials sein kann; und es ist immer auch nach der Möglichkeit einer Verbindung der verschiedenen Interpretationsperspektiven zu suchen.

(1) Autorintention

Die Frage nach der Intention des Autors ist von großem Gewicht. Er hat den Text geschrieben; er hat sein Thema gewählt und gestaltet; er will auf die Leser einwirken. Er mag hinter seinem Werk zurücktreten (wie im Markus- oder im Matthäusevangelium); er mag sich als historische Gestalt entziehen (wie beim Hebräerbrief); er mag als Einzelpersönlichkeit kaum greifbar sein (wie bei den vorevangeliaren und vorpaulinischen Traditionen): Er bleibt doch die bestimmende Größe bei der Entstehung des Textes. Er braucht sich nicht so exponiert in Szene zu setzen wie im Fall der Paulus-Briefe oder der Johannes-Offenbarung, um mit seiner Theologie ein dankbares und interessantes Objekt exegetischen Forschens zu sein.

Interpretation und Rekonstruktion

Die entscheidende Interpretationsfrage bei der Suche nach der Autorintention besteht darin, zu erkennen, wie und weshalb, unter welchen Voraussetzungen und welchen Aspekten, in welcher Absicht und mit welcher Wirkung der Verfasser das gesagt hat, was sein Text zu erkennen gibt, also welche Sicht des Handeln Gottes in Jesus Christus, welche Sicht der Menschen, ihrer Schuld und Hoffnung, welche Sicht der Welt und der Geschichte der Text als Werk des Autors bezeugt.

Methodisch verlangt die Frage nach der *intentio auctoris* eine besondere Aufmerksamkeit für die Person, die Biographie, die Geschichte, die literarische Leistung und die Theologie des Verfassers (insbesondere wenn sie auch durch weitere Texte erschlossen werden kann). Unter dieser Rücksicht gilt es, die Beobachtungen der Textanalyse auszuwerten, zusammenzuführen und mit dem Inhalt des Textes zu vermitteln. (Die folgende Aufzählung nennt wichtige Aspekte, beansprucht aber keine Vollständigkeit und schreibt nicht den Gang der Untersuchung vor.)

- *Welches Bild des »impliziten Autors« zeichnet der Text? Wie lässt sich von ihm auf den »realen« Autor zurückschließen?*
- *Von welchen Vorkenntnissen und Erfahrungen ist der Autor bei der Abfassung (der Tradent bei der Rezeption) seines Textes bestimmt? Welche Aufgabe sieht er, dass er zur Feder greift (oder den Text verbreitet)? Von welchem »Selbstverständnis« ist er beim Schreiben (und Lesen) des Textes bestimmt?*
- *Welches Verhältnis hat der Autor zu seinen Adressaten? Wie redet er sie an? Welche Autorität beansprucht er? Mit welcher Zustimmungsbereitschaft rechnet er? Welche Wirkung will er erzielen?*
- *Wie legt der Autor sein Gesamtwerk an? Welchen Platz räumt er einzelnen Texten ein?*
- *Welchen Stil pflegt der Autor? Wie erzählt oder argumentiert, ermahnt, ermuntert er? Auf welche Konventionen greift er wie zurück? Wie geht er mit ihnen um?*
- *Welche Traditionen und Motive greift der Verfasser auf und wie rezipiert er sie? Welche neuen Ideen entwickelt er? Wie verbindet er sie mit dem, was ihm vorgegeben und überliefert ist?*

- *Welche Themen und Thesen, welche Aussagen und Pointen artikuliert der Autor in anderen Schriften, die er verfasst hat? Welche Parallelen, welche Entwicklungen, welche typischen Aussagen gibt es?*

(2) Leserrezeption

Neben der Intention des Autors ist die Rezeption des Lesers zu erforschen. Nicht nur wie Texte geschrieben, auch wie sie gelesen worden sind, verlangt Aufmerksamkeit. Authentisches Lesen, das ernsthaft um den Sinn des Textes und die Intention seines Verfassers bemüht ist, wird nicht einfach schon durch die Intention des Autors oder einen festen Sinn des Textes determiniert, sondern ist ein kreativer Akt, der gerade im Fall wirklichen Verstehens über die Autorintention und den ursprünglichen Textsinn hinausgehen kann und wird.

Die entscheidende Interpretationsaufgabe bei der Suche nach der Leserrezeption besteht darin, zu erkennen, von welchem Standpunkt aus und mit welchen Voraussetzungen die – impliziten und die realen – Leser aufgenommen und weitergegeben haben, was ihnen der Text sagt, auf welche Signale des Textes sie reagieren sollen und wie sie, wenn sich dies eruieren lässt, tatsächlich reagiert haben.

Diese Frage richtet sich auf die Erst-Adressaten. Spätere Leser sind nicht ausgeschlossen. Aber die neutestamentliche Exegese konzentriert sich auf die Text-Rezeption innerhalb des neutestamentlichen Traditionsraumes (wobei die Grenzen fließend sind). Es geht vor allem um den Versuch, sich ein möglichst plastisches Bild von dem Verständnis zu bilden, das die von den Autoren angeschriebenen Leser vom Text gewinnen konnten.

Die große Schwierigkeit liegt darin, dass in der Regel kein unmittelbares Leser-Echo zu hören ist. Dennoch scheint es – wenigstens prinzipiell – möglich und aussichtsreich, aufgrund einer sorgfältigen Sondierung des kulturellen, sozialen und theologischen Umfeldes sowie der Vorgeschichte der betreffenden Gemeinde die *wahrscheinliche* Rezeption der Adressaten zu eruieren.

Interpretation und Rekonstruktion

Eine Reihe von Fragen kann auf die richtige Spur führen.
- *Welches Bild des »impliziten Lesers« zeichnet der Text? Welche Schlussfolgerungen erlaubt es – unter Einbeziehung der Situationsanalyse – auf den realen Leser?*
- *In welcher religiösen, sprachlichen, politischen, sozialen Kultur leben die Adressaten? Welchen Einflüssen sind sie ausgesetzt?*
- *Welche Hinweise gibt es auf die Vorgeschichte der Leserschaft? Welche Probleme, Konflikte und Fragen, welche Hoffnungen und Fortschritte in der Adressatengemeinde haben zur Abfassung des Textes geführt, den die Adressaten lesen und verstehen sollen? Über welche Vorkenntnisse haben sie verfügt?*

Die Frage nach der Leserrezeption kann die nach der Autorintention nicht ersetzen. Sie wird auch kaum ohne den Blick auf die *intentio auctoris* zu beantworten sein. Sie ist aber eine interessante Ergänzung des exegetischen Methodenspektrums, wenn sie auf die historischen Adressaten und die Tradenten innerhalb des neutestamentlichen Traditionsraumes gerichtet wird. Sie trägt ihrerseits zur theologischen Interpretation bei, wenn sie erhellt, wie das theologische Zeugnis der Verfasser bzw. der Texte wahrgenommen und inwieweit es bejaht worden ist.

(3) Textsinn

Sowohl die Intention des Autors als auch die Rezeption des Lesers lassen sich nur vom Text und von seinem »Sinn« her bestimmen. Dass sich die geschichtliche Bedeutung des Textes gerade in der kommunikativen Beziehung zwischen Autor und Adressaten entfaltet, versteht sich. Aber sowohl das Thema und die Motive als auch die Form, die Struktur und der Stil eines Textes haben ein Bedeutungs*potential*, aus dem Autor wie Adressaten zu schöpfen vermögen und das durch ihre Aktivität auch angereichert werden kann, das aber nicht schon durch die Intention des Verfassers oder die Rezeption der Adressaten ausgeschöpft zu sein braucht. So intensiv der

Interpretation

Text durch seinen Autor geprägt ist, steht er doch – als sein Produkt – auch für sich selbst; und so intensiv ein Text auf Rezeption angewiesen ist, steht er doch seiner Leserschaft immer auch gegenüber. Die innerbiblische wie die nachbiblische Wirkungsgeschichte der Schrift-Texte führt – unbeschadet aller Diskussionen um Missverständnis und Missbrauch – deutlich vor Augen, dass die Texte ihren eigenen (vielschichtigen) Sinn haben.

Die entscheidende Interpretationsaufgabe bei der Suche nach dem Textsinn besteht darin, zu erkennen, was der Text besagt und wie er es erzählt oder bespricht, wie, unter welchen Aspekten, mit welchem Gewicht und in welchen Perspektiven er das Handeln Gottes in Jesus Christus, die Menschen in ihrer Schuld und Hoffnung, die Welt in ihrer Geschichte vorstellt.

Möglichkeiten, in Verbindung mit der Autorintention und der Leserrezeption hinaus den Textsinn zu bestimmen, erschließen sich, wenn u. a. folgende Fragen gestellt werden:
- *Welches Bedeutungspotential eignet den Leitmotiven und den Traditionen des Textes? Welche Bedeutungsdimensionen sind zentral, welche marginal?*
- *Welches Verhältnis besteht zwischen dem Thema, der Aussage und der Form des Textes?*
- *Wie ist der Text in der Kirchen- und Theologiegeschichte interpretiert worden? Welche Aspekte des Textes sind in seiner Rezeptionsgeschichte besonders hervorgehoben worden?* (Hinweise zur Auslegungsgeschichte enthalten einige Kommentare, besonders die Bände aus der Reihe »Evangelisch-Katholischer Kommentar zum Neuen Testament«.)

Die Frage nach dem Textsinn – in Verbindung mit der Untersuchung der Autorintention und der Leserrezeption, aber auch darüber hinaus zu stellen – bereitet den Schritt zum historisch-theologischen Verständnis der »Sache« vor, von der die Schriften handeln. Überdies erschließen sich neue Möglichkeiten, die Traditions- und Redaktionsprozesse innerhalb des Neuen Testaments, aber auch vom Alten zum Neuen Testament zu verstehen, wenn die Aufmerksamkeit auf das Bedeutungspotential gerichtet wird, das den Texten der Sache nach innewohnt und von ihrem Wortlaut her erschlossen werden kann.

1.4 Theologiegeschichte und kanonische Exegese

Eine Seminararbeit hat ihr Ziel erreicht, wenn sie von der Analyse zur Interpretation gelangt ist. Die exegetische Arbeit geht aber weiter. Sie intensiviert die Einzelexegese und weitet sie aus. Das ist von Studierenden in der Regel nicht mehr zu leisten. Deshalb muss sich die »Kleine Methodenlehre« sehr kurz fassen. Es ist aber wichtig, die weitergehenden Aufgaben anzusprechen, damit Spezialthemen und Forschungspositionen besser einzuschätzen sind. Die Aufgaben nehmen Perspektiven wahr, die von den Texten geöffnet werden und ihren geschichtlichen Standort wie ihren theologischen Anspruch zu erkennen helfen.

Die Weiterführung erfolgt in zwei Hauptrichtungen. Die eine Richtung ordnet einen neutestamentlichen Text, eine neutestamentliche Aussage theologiegeschichtlich ein, die andere bestimmt seine Position im neutestamentlichen Kanon. Die erste Richtung ist allgemein akzeptiert, die zweite – speziell in Deutschland – ziemlich umstritten.

(1) Theologie- und religionsgeschichtliche Exegese

Ein neutestamentlicher Text wird besser verstanden, wenn sein Ort bestimmt wird:
- innerhalb der Theologiegeschichte des Urchristentums,
- vor dem Hintergrund des Alten Testaments,
- im Umkreis des Frühjudentums,
- im Verhältnis zum griechisch-römischen Hellenismus.

Interpretation

Die Motivanalyse erschließt von den zentralen Begriffen, Aussagen und Sinnlinien eines Textes aus viele Wege zurück in das Alte Testament, aber auch hinein in die jüdische und hellenistische Umwelt. Diese Hinweise sind bei der Auslegung aufzunehmen und in den größeren Rahmen zu stellen, der durch die neutestamentlichen Schriften gesteckt wird. Es geht nicht mehr nur um die Rezeptionsgeschichte einzelner Themen, Begriffe und Motive, wie sie zur Erhellung von Einzelaussagen und Einzeltexten angezeigt sind, sondern um die Grundströmungen, denen die neutestamentlichen Schriften zugehören und die sie ihrerseits in bestimmte Bahnen lenken.

Die Aufgabe der theologie- und religionsgeschichtlichen Einordnung im Rahmen der *Interpretation* ist es, die neutestamentlichen Schriften und Theologien einerseits aus den Traditionszusammenhängen ihrer Entstehung, andererseits aus dem Vergleich mit anderen Texten und Konzeptionen heraus zu erklären und zu verstehen.

- *Welche urchristlichen Traditionen und Motive greift ein Text auf? Welchen Stellenwert gewinnen sie bei ihm? Wie variiert er sie? Wie wird seine Variation rezipiert? Welche Wirkung hat ein Autor erzielt, welches Echo hat ein Text hinterlassen, welche Folgen hat die Rezeption des Textes durch die Adressaten gehabt? Finden sich davon Spuren in anderen neutestamentlichen Schriften? Welche Faktoren waren für die Wirkung entscheidend?*
- *Welche Schriften, Traditionen, Positionen des Alten Testaments werden im auszulegenden Text rezipiert? Welchen »Ort« haben sie im Rahmen des gesamten Alten Testaments? Welchen Stellenwert gewinnen sie in der neutestamentlichen Schrift? Wie verhalten sie sich zu anderen Leitmotiven, Grundaussagen und Pointen?*
- *Welche Verbindungslinien, welche Gemeinsamkeiten und Unterschiede gibt es mit dem Frühjudentum? In der Schriftrezeption? In der Zeitdiagnose? In der Zukunftserwartung? Im Wirklichkeitsverständnis? Welche hermeneutischen Kontroversen und Konvergenzen lassen sich erkennen?*

- *Welche paganen Motive aus dem griechisch-römischen Hellenismus greift ein Text wo und wie auf? Welche Gemeinsamkeiten und Unterschiede gibt es zur Rezeption alttestamentlicher und frühjüdischer Motive?*
- *Wo liegen die Besonderheiten eines Textes? Wo vertritt er weit verbreitete, womöglich typische Positionen nicht nur seines Traditionsraumes, sondern weiter Kreise im Urchristentum? Welche Erfahrungen liegen den verschiedenen Texten, Positionen und Konzepten zugrunde?*

Antworten auf diese Fragen erlauben nicht nur eine hermeneutische Ortsbestimmung des ausgelegten Textes, sondern gleichzeitig (mit der Situationsanalyse abzustimmende) Hinweise auf die theologische Heimat des Autors und seiner Adressaten.

(2) Kanonische Exegese

»Kanonische Exegese« wird häufig in einen Gegensatz zu »historisch-kritischer« oder literaturwissenschaftlicher Exegese gebracht. Das ist eine künstliche Entgegensetzung, wenn man sieht, dass der neutestamentliche Kanon – wie der alttestamentliche – geschichtlich gewachsen ist und dass der kanonische Prozess mit der Entstehung der biblischen Schriften beginnt.

»Neues Testament« ist allerdings (wie »Altes Testament«) ein Begriff aus späterer Zeit; er schreibt eine Entwicklung fest, mit deren Anfängen sich die Exegese historisch und philologisch befasst. Aber auch das Ergebnis dieser Entwicklung beeinflusst die Exegese: Sie beschäftigt sich vorzüglich mit den Texten, die zum »Neuen Testament« geworden sind; dass sie das »Neue Testament« bilden, markiert den theologischen Anspruch, den sie als grundlegendes Zeugnis vom Heilshandeln Gottes in Jesus Christus erheben. Wenn im Gottesdienst aus dem Alten wie dem Neuen Testament als »Wort des lebendigen Gottes« gelesen wird, ist dieser Anspruch in der Kirche liturgische Wirklichkeit geworden. Die Exegese muss – als historische und philologische Disziplin – dazu Stellung nehmen.[66]

Interpretation

Die Aufgabe kanonischer Exegese besteht darin, einen einzelnen Text oder ein ganzes Buch als Teil des Neuen Testaments zu verstehen, das seinerseits mit dem Alten Testament zusammen die Heilige Schrift der Christen bildet.
Dies geschieht einerseits dadurch, dass der Ort auf der Ebene des neutestamentlichen Endtextes bestimmt, andererseits dadurch, dass der Einzeltext – im Horizont anderer Texte – als Zeugnis des Christusgeschehens interpretiert wird.

Beide Aufgaben sind aufeinander bezogen. Die erste wird gemeinhin unter dem Titel »kanonische Exegese« verstanden; die zweite muss hinzukommen, wenn der Kanon nicht nur als kulturgeschichtliches Phänomen, sondern als theologische Größe verstanden werden soll.

Eine ähnlich ausgefeilte Methodik wie bei der Textanalyse gibt es nicht. Die folgenden Abschnitte zeigen eher mögliche Richtungen künftiger Überlegungen, als dass sie schon wissenschaftlich gesicherte Standards definierten.

Einordnung ins Neue Testament

Einen Text ins gesamte Neue Testament einzuordnen, setzt »synchronisch« auf der Ebene des vorliegenden Neuen Testaments an – im Wissen, dass der genaue Umfang des Neuen Testaments zwar im wesentlichen schon im 2. Jh. feststeht, an den Rändern aber lange umstritten bleibt und dass die Reihenfolge der Schriften vielfach schwankt, wiewohl einzelne Kanonteile, vor allem die Evangelien, sehr früh erstaunlich fest strukturiert sind. Würde aber die Entstehungsgeschichte des Neuen Testaments, sein kanonischer Prozess, ausgeblendet, herrschte ein ungeschichtliches Verständnis, das nicht nur dem Werden des Kanons widerspräche, sondern auch dem neutestamentlichen, alttestamentlich fundierten Offenbarungsverständnis.

Auf der Ebene der Gesamtkomposition des Neuen Testaments sind wichtige Beobachtungen:
- die Spitzenposition der Evangelien: Niemand ist wichtiger als Jesus Christus;

- die Schlussposition der Johannesoffenbarung: Die Hoffnung der Kirche richtet sich wie bei Jesus auf das vollendete Reich Gottes;
- die Brückenfunktion der Apostelgeschichte: Zwischen Jesus und der Kirche besteht eine geschichtliche Verbindung, die der von Jesus verheißene Heilige Geist hergestellt hat;
- die breite Dokumentation der Apostelbriefe: In der Kirche vor Ort bilden sich Glaube, Hoffnung und Liebe in der Nachfolge Jesu.

Alle Eckpunkte sind Ausdruck theologischer Grundentscheidungen der frühen Kirche, die auf bestimmte Signale bestimmter Texte reagieren und theologische Positionen im Neuen Testament weiterführen, aber durchaus in Spannung zu anderen stehen, ohne dass diese Stimmen im neutestamentlichen Kanon zum Verstummen gebracht worden wären. Alle Eckpunkte lassen sich noch erheblich genauer markieren: So ist die Reihenfolge der Evangelien (die offenbar nicht das Alter ihrer Entstehung widerspiegelt) ebenso signifikant wie das starke Gewicht der Paulusbriefe: Dreizehn der siebenundzwanzig Schriften des Neuen Testaments tragen seinen Namen – wie auch der gesamte zweite Teil der Apostelgeschichte im Zeichen seines missionarischen Wirkens steht.

Dieses Gesamtbild gewinnt aber theologische Tiefenschärfe erst dann, wenn man es mit dem in Verbindung bringt, was die Einleitungswissenschaft über die Entstehung des Neuen Testaments besagt, und wenn man die Texte mit ihren Themen, Motiven und Aussagen ins Spiel bringt.

Auf diesem Hintergrund führen einige Fragen auf die Spur kanonischer Exegese:

- *Welche Position nimmt die Schrift, zu der ein Einzeltext gehört, im Gesamt des Neuen Testaments ein? Wie erklärt sich diese Position literarisch, historisch und theologisch? Welchen Beitrag zu dieser Positionsbestimmung leistet der Einzeltext? Welche (zusätzlichen, anderen) Bedeutungen gewinnt er im*

Zuge des kanonischen Prozesses durch seine Einbindung ins Neue Testament?

- *Wo gibt es im Neuen Testament Sachparallelen, Konvergenzen, Widersprüche, Weiterführungen? Welche literarischen und historischen Beziehungen gibt es zu diesen neutestamentlichen Schriften und Traditionen? Welches besondere theologische Profil gewinnt ein Text, eine Schrift, eine Tradition im Vergleich mit anderen? Inwieweit trägt sie dadurch zur – vielschichtigen – theologischen Gesamtaussage des Neuen Testaments bei?*

Wird kanonische Exegese so verstanden, reduziert sie nicht die literarische Vielseitigkeit, die historische Vielschichtigkeit und die theologische Vielfältigkeit des Neuen Testaments, sondern versteht sie als Aspekte seiner Einheit.

Exegetisch-theologische Interpretation

Die neutestamentlichen Schriften werden in all ihrer Vielfalt dadurch zusammengehalten, dass sie (je auf ihre Weise und von unterschiedlichen Standpunkten aus) die Person und das Wirken, das Leiden wie die Auferstehung Jesu Christi bezeugen. Kennzeichnend ist durchweg, dass dieses Zeugnis wesentlich im Hinblick auf das Heilshandeln Gottes geschieht, von dem schon die »Heiligen Schriften« Israels sprechen, das aber durch das Nahekommen der Gottesherrschaft (Mk 1,15) eschatologische Dimensionen erhält. Zur theologischen Interpretation der Schriften gehört deshalb abschließend die Sachfrage, wie das Christusgeschehen bezeugt wird, welche Aspekte die verschiedenen Schriften erfassen wollen und tatsächlich erfassen, wie sich die unterschiedlichen Sichtweisen von daher zueinander verhalten und welcher Stellenwert ihnen deshalb im Kontext der ganzen Heiligen Schrift zukommt.

Die Ansatzpunkte, um die Frage nach der Bezeugung des Christusgeschehens in den neutestamentlichen Schriften zu beantworten, bilden die theologischen Text-Interpretationen. Sie wollen erhellen, was die Autoren, die Leser, die Texte vom

Heilshandeln Gottes in Jesus Christus (samt seinen Implikationen und Konsequenzen) wahrgenommen und ausgedrückt haben:
- *Welche Aspekte des Heilshandelns Gottes in Jesus Christus stehen im Vordergrund? Welche werden ausgeblendet? Warum geschieht das eine wie das andere?*
- *Welche Konsequenzen ergeben sich daraus für das Gesamtverständnis der jeweiligen Theologie?*

Bei der Antwort auf diese Fragen kommen Übereinstimmungen und komplementäre Ergänzungen der verschiedenen Schriften, Autoren und Tradenten heraus, aber auch Unterschiede, Spannungen und Widersprüche. Dies entspricht der geschichtlichen Vielfalt der Glaubenserfahrungen, die sich im Neuen Testament widerspiegelt und die in theologischer Perspektive auf die Geschichtlichkeit und Personalität des Offenbarungshandelns Gottes zurückzuführen ist.

Aber es stellt sich theologisch die Frage nach der Gültigkeit verschiedener Glaubenszeugnisse und nach ihrem spannungsreichen inneren Zusammenhang, im Grunde also nach der Wahrheit der neutestamentlichen Schriften. Diese Wahrheit ist nicht in einem abgeschlossenen Lehrsystem zu haben (so sehr sie nach verbindlicher Lehre verlangt). Sie besteht in der Angemessenheit gegenüber dem Heilshandeln Gottes durch Jesus Christus, dem neutestamentlichen »Grundgeschehen«, mit allen Konsequenzen für die Rede von Gott und seinem Messias, vom Menschen und vom Gottesvolk, von der Schöpfung und der Geschichte, von Zeit und Ewigkeit, Gut und Böse, Schuld und Sühne, Gericht und Vergebung. Diese neutestamentliche »Grundbotschaft« ist entscheidend durch die christologisch vermittelte Selbstoffenbarung Gottes geprägt; und sie ist deshalb nie ohne ihren Bezug auf die Lebenssituation und die Glaubensfragen, die Ängste und Hoffnungen der Menschen zu finden, denen sie ausgerichtet werden soll.

Die Christologie des Neuen Testaments ist freilich eingebunden in die Theologie der ganzen Bibel. Das Neue Testament hat es nie allein gegeben, sondern immer nur im Zusammenhang mit dem »Alten Testament«. Wenn der Interpretationsrahmen, was in der Konsequenz des exegetischen Ansatzes liegt, auf die ganze Heilige Schrift ausgeweitet wird, ergibt sich die Möglichkeit, die Wahrheitsfrage nicht nur auf das neutestamentliche, sondern auch auf das alttestamentliche Heilsgeschehen zu beziehen. Dies kann zwar nicht zu einer Relativierung der neutestamentlichen Christologie führen. Aber zur ureigenen Botschaft der neutestamentlichen Schriften dringt nur vor, wer in ihrem Christuszeugnis das Zeugnis des *einen* Gottes erkennt, der als der »Gott Abrahams und Isaaks und Jakobs« (Mk 12,26 [Ex 3,6]) der Vater Jesu ist.

2 Historische Rekonstruktion

Die neutestamentlichen Schriften beziehen sich in ihrem Zentrum auf ein historisches Ereignis: die Menschwerdung, das Wirken, den Tod und die Auferstehung Jesu Christi. Die Apostelgeschichte beschreibt die Geschichte der urchristlichen Evangeliumsverkündigung; die Apostelbriefe reagieren auf die Glaubensgeschichten in den urchristlichen Gemeinden. Historische Fragen stellen sich notwendigerweise im Zuge exegetischer Arbeit.

- Was lässt sich über das geschichtliche Wirken, über das Leiden und Sterben Jesu sagen?
- Welche geschichtliche Dimension hat das Ostergeschehen?
- Wie ist die Geschichte des Urchristentums verlaufen?

In den Rahmen dieser umfassenden Fragestellungen ordnen sich die Studien zur Historizität einzelner Texte ein: Bewahren sie direkt oder indirekt historische Erinnerung auf? Wollen sie von historischen Ereignissen erzählen?

Um diese Fragen zu beantworten, müssen die neutestamentlichen Texte gleichberechtigt mit allen anderen Dokumenten dieser Zeit (nicht nur den literarischen) als historische

Quellen betrachtet werden. Das methodische Verfahren kann kein anderes als das der allgemeinen Geschichtswissenschaft sein. Die exegetischen Forschungsergebnisse müssen im Dialog mit Profanhistorikern Bestand haben. Gleichwohl ist die historische Fragestellung auch theologisch höchst relevant: Der Auferweckte und Erhöhte ist kein anderer als der Irdische. Die Menschwerdung und Auferweckung Jesu schafft geschichtliche Fakten von welthistorischen Dimensionen. Die neutestamentlichen Theologien sind immer auch Zeugnisse von Glaubenserfahrungen, in denen sich die geschichtliche Lebenswirklichkeit des Urchristentums widerspiegelt; und die dynamische Entwicklung der urchristlichen Mission wie der urchristlichen Gemeinden wird ihrerseits zum Gegenstand theologischer Reflexion in den neutestamentlichen Schriften.

2.1 Quellenkritik

Am Beginn des Weges historischer Rekonstruktion steht die Erschließung der Quellen. Die mit Abstand wichtigsten Quellen für die Geschichte Jesu, das Ostergeschehen und die Geschichte des Urchristentums sind die neutestamentlichen Schriften. Nur in Einzelfällen können »Herrenworte« außerhalb des Kanons[67], apokryphe Evangelien[68] und Kirchenväterschriften, aber auch jüdische und römische Historiographen zur Abrundung des Bildes beitragen. Sehr wichtig sind diese Texte aber zur Einschätzung der kulturellen, sozialen und politischen Umgebung des Neuen Testaments. Archäologische Forschungen können beim Neuen Testament kaum einmal direkt historische Ereignisse und Entwicklungen dokumentieren, sind aber eine große, noch zu wenig genutzte Möglichkeit, das jüdische, griechische und römische Umfeld urchristlicher Gemeinden zu beleuchten.[69]

Die neutestamentlichen Schriften sind allesamt Glaubenszeugnisse. Das macht ihren historischen Aussagewert keineswegs wertlos, nötig aber zu einer kritischen Überprüfung des Quellenwertes. Die Regeln sind dieselben wie in der allgemeinen Geschichtsforschung. (Dass sie sich ihrerseits für Mentalitätsgeschichte und Gedächtnisgeschichte geöffnet hat, darf die Exegese nicht kalt lassen.)

Die Aufgabe exegetischer Quellenkritik besteht darin, den historischen Quellenwert der neutestamentlichen Schriften zu eruieren, Geschichtskonstruktionen von Fakten zu unterscheiden, die Tendenzen der Geschichtsschreibung zu erkennen und für ein historisches Urteil auf möglichst breiter Quellenbasis auszuwerten

»Klassischer« Lehre zufolge gibt es drei Prinzipien historischer Forschung: Kritik, Analogie und Korrelation.[70] Im Zeitalter des Historismus ausgebildet, bleiben sie im Ansatz richtig, können aber nicht mehr ohne erhebliche Modifikationen Geltung beanspruchen. Das gilt für die historische Forschung insgesamt und insofern auch für die des Neuen (wie des Alten) Testaments.

(1) Kritik: Grundsätzlich müssen auch die scheinbar eindeutigsten Angaben geschichtlicher Dokumente, auch die Texte der Heiligen Schrift, bezüglich ihres historischen Aussagewertes kritisch überprüft werden. Freilich kann die wissenschaftliche »Kritik« nur dann Forschungsprinzip sein, wenn sie selbst kritisch überprüft wird, also nicht unbesehen das neuzeitliche Wirklichkeitsverständnis und die moderne Geschichtserfahrung in die Zeit der Antike zurück projiziert. Kritik, biblisch verstanden, ist in erster Linie die Kritik menschlicher Gottesbilder, anders formuliert: die Unterscheidung der Geister mithilfe der Stimmen derer, die Gott inspiriert hat (und deren Inspiration ihrerseits nicht fundamentalistisch behauptet, sondern exegetisch-theologisch analysiert und interpretiert werden muss).

(2) Analogie: Von historischer Faktizität ist dann auszugehen, wenn ähnliche Phänomene beobachtet worden sind – möglichst nicht nur im Erfahrungsraum heutiger Beobachter, sondern zeitnah zu den Texten. Freilich wird das Prinzip der Analogie oft so verstanden, dass die Einzigartigkeit Jesu Christi, seiner Menschwerdung, seines Heilswirkens, seines Todes und seiner Auferstehung gerade ausgeschlossen wird. Das ist ein Tribut an das mechanistische Weltbild, den heute niemand mehr leisten muss. Im strengen philosophisch-theologischen Sinn (der aus der Christologie abgeleitet wurde) heißt Analogie freilich eine Ähnlichkeit, die durch eine je größere Unähnlichkeit transzen-

diert wird. Das hilft nicht nur, die Unvergleichlichkeit eines jeden historischen Phänomens zu beachten, sondern auch die eschatologische Einmaligkeit Jesu Christi.

(3) Korrelation: Die Eigenart historischer Ereignisse ist ein schier universaler Zusammenhang von (nahezu) allem mit jedem unter verschiedenster Rücksicht. Die Annahme historischer Faktizität setzt den Nachweis derartiger Korrelationen voraus. Freilich ist das Korrelationsprinzip im Historismus einem geschichtsphilosophischen Denken verpflichtet, das alle geschichtlichen Ereignisse rein aus innergeschichtlichen und natürlichen Ursachen erklärt. Das wäre mit der biblisch-theologischen Sicht der Geschichte nicht vereinbar. Sie mit dem Korrelationsdenken zu vermitteln, ist aber möglich und nötig; denn der Grundlinie biblischer Theologie gemäß ereignet sich Gottes Einwirken auf seine Welt im Medium geschichtlicher Ereignisse (Siege oder Niederlagen, Revolutionen oder Restaurationen etc.) und natürlicher Phänomene (Feuer, Sturm, Gewitter u. a.m.), besonders aber begnadeter Menschen (Richter, Könige, Priester, Propheten, Seher usw.). Wenn also »Korrelation« nicht horizontal abgeschlossen, sondern als Grundgesetz eines geschichtsmächtigen Handelns Gottes gesehen wird, das auf die eschatologische Vollendung zielt, bleibt es als Prinzip historischen Arbeitens im Raum der Exegese gültig.

In ihrer historistischen Form zielt die Geschichtswissenschaft auf (imaginative) Gleichzeitigkeit und (wissenschaftliche) Neutralität: Das Ideal wäre, die vergangenen Dinge so darzustellen, wie sie ein sehr gut informierter und interessierter Zeitgenosse aus der Position eines objektiven Beobachters hätte wahrnehmen können. Auch wenn dieses Ziel immer nur annäherungsweise erreicht werden kann, bleibt es der historischen Forschung bis heute wichtig – und ist unter fundamentaltheologischer Rücksicht (sofern es um die Glaubwürdigkeit des Glaubens geht) auch theologisch relevant. Allerdings kann die historische Bedeutung eines Geschehens nicht ohne Rücksicht auf seine Folgen und Wirkungen beschrieben werden – was erst in der Perspektive der Nachgeborenen einzuleuchten vermag. Und historisches *Verstehen* ereignet sich erst dort, wo die Motive der handelnden und leidenden Personen samt den geistigen Voraussetzungen der geschichtsträchtigen Institutionen erhellt werden – was im Fall der neutestamentlichen Geschichte (gerade wegen des Anspruchs wissenschaftlicher Objektivität) die Wahrnehmung ihres theologischen Horizonts verlangt.

Einige Fragen können helfen, ein historisches Urteil vorzubereiten:

- *Wie alt ist der Text? Wo ist er entstanden? Was ist über seine Vorgeschichte, seine Quellen bekannt?*
- *Welchen Anlass hat er? Welche Form und Gattung?*
- *Welche theologische Tendenz vertritt er? Welchen Stellenwert räumt er dem erzählten oder besprochenen Ereignis ein?*
- *In welcher Perspektive und in welchem Ausschnitt tritt die Historie durch den Text vor Augen?*
- *Welche anderen Quellen gibt es? Wie stellen sie das Phänomen dar? Auf welcher Grundlage und in welchem Interesse?*

Die theologische Qualität der neutestamentlichen Schriften hängt nicht an ihrem historischen Quellenwert. Aber die direkten und indirekten Auskünfte, die sie geben, sind doch so reich, dass man über kaum eine Gestalt der Antike historisch besser informiert ist als über Jesus und Paulus und, vom Judentum abgesehen, über keine religiöse Bewegung der Spätantike besser als über das frühe Christentum.

2.2 Rückfrage nach Jesus

Die historische »Rückfrage nach Jesus« ist von eigenem Gewicht, weil *Jesus* der Christus ist, und stellt besondere methodische Anforderungen, weil die primäre Quelle die vier kanonischen Evangelien sind. Weil große theologische Erwartungen herrschen, sind große Sorgfalt und große Nüchternheit angezeigt.

Das Ziel der Rückfrage wird häufig darin gesehen, möglichst viele der *ipsissima verba*, der »ureigenen Worte« Jesu zu rekonstruieren.[71] Man kann dann noch ergänzen: *ipsissima facta,* ureigene Taten. Der Weg ist dann, in einem großen Subtraktionsverfahren aus den vorhandenen Angaben der Evangelien (und anderer Texte) die ältesten Traditionen herauszufiltern und den historischen Kern, das »Urgestein« herauszupräparieren.

Dieses Projekt wird zwar in modifizierter Form von den meisten Jesusbüchern bis heute vertreten, ist aber in die Krise geraten. Zum einen sinkt das Zutrauen in die Kompetenz der Exegese, auf mehreren vorgelagerten Wachstumsstufen den genauen Wortlaut einer Tradition festzustellen. Zum anderen sind »echte Jesus-Worte« und »nachösterliche Bildung« nur die relativ seltenen Extremwerte einer Skala, auf der sich die weitaus meisten Stellen im Mittelfeld finden: Jesus-Worte in nachösterlichen Umbildungen und Fortschreibungen, Gemeinde-Bildungen in Aufnahme und Verwandlung von Worten Jesu.[72] Hinzukommt, dass die – jeweils als ziemlich objektiv ausgegebenen – Rekonstruktionen auch im 20. Jh. ziemlich unterschiedlich ausfallen und in der Regel die Konfession und Kultur, auch die individuelle Sicht der Forscher deutlich erkennen lassen.[73]

Aus diesen Bedenken kann nicht gefolgert werden, auf die Frage nach *ipsissima verba et facta* Jesu grundsätzlich zu verzichten. Auch die Suche nach den ältesten Überlieferungsformen der Jesus-Worte und Jesus-Geschichten bleibt wichtig. Aber es muss deutlich sein, dass es nur selten gelingen wird, aus den Evangelien den Originalton von Jesus-Worten herauszuhören. Und es muss umgekehrt deutlich sein, dass die nachösterliche Prägung der Evangelien nicht nur Probleme, sondern auch Chancen der historischen Rückfrage eröffnen: weil historische Stoffe im Lichte des Ostergeschehens nicht nur »übermalt«, sondern durch Stilisierungen, Typisierungen und Ausgestaltungen auch kenntlich gemacht werden können.

Soweit es um Einzelüberlieferungen geht, wird es häufig nur mehr gelingen, die Grundintention, vielleicht auch den einen oder anderen Kernsatz und ein mehr oder weniger deutliches Echo der Verkündigung Jesu wiederzuerkennen. Das ist nicht wenig. Wenn diese Frage nämlich nicht nur bei einzelnen Texten, sondern auf der ganzen Breite der Evangelienüberlieferung – unter Berücksichtigung der Form- und der Gattungs-, der Traditions- und der Redaktionsanalyse – gestellt wird, zeichnen sich in wechselseitigen Spiegelungen und Brechungen doch die Umrisse eines geschichtlichen Gesamtbildes ab. Dazu gehören u. a.

- die Eckdaten der Biographie, die in der Passion recht zahlreich sind,
- die signifikanten Beziehungen Jesu zu seinen Jüngern, aber auch zu seiner Familie und zu Johannes dem Täufer,
- sein großes Thema, das Reich Gottes,
- charakteristische Taten, die in Erinnerung geblieben sind, wie etwa die Krankenheilungen und Exorzismen, charakteristische Verkündigungsformen wie etwa die Gleichnisse oder die Seligpreisungen und charakteristische Zeichen wie vor allem das letzte Mahl Jesu,
- die Konflikte, die Jesus mit den Sadduzäern und vor allem mit den Pharisäern ausgetragen hat, denen er noch am stärksten verbunden war,
- vor allem die Umstände seines Leidens, die Ursachen und Anlässe seiner Verurteilung, nicht zuletzt die Haltung, in der Jesus seinen Tod erlitten hat.

In dieses Netz historischer Daten und Linien sind die theologischen Aussagen Jesu einzuzeichnen: *ipsissima verba et facta*, soweit sie recherchiert werden können, vor allem jedoch die Grundbotschaft und die wichtigen Themen und Intentionen der Verkündigung Jesu in Wort und Tat.

Da die Traditionsanalyse auch mit Hilfe der Form- und Gattungsanalyse nicht ausreicht, von den Texten der Evangelien aus zum geschichtlichen Wirken Jesu zurückzufragen, müssen zusätzliche Kriterien angelegt werden, um zu entscheiden, ob ein historischer Rückschluss gelingt. Die Diskussion ist lebhaft und kontrovers.[74] Sieben Kriterien scheinen besonders geeignet. Keines ist unproblematisch, aber jedes eröffnet bestimmte Möglichkeiten.

(1) Das Kriterium der vielfachen Bezeugung: Je breiter ein bestimmtes Thema oder Motiv, ein Wort oder ein Ereignis in verschiedenen Traditionssträngen und Gattungen bezeugt ist, desto höher ist die Wahrscheinlichkeit der Historizität.

Aber: Seltene, womöglich einmalige Bezeugung ist kein Grund gegen die Rückführung auf Jesus.

(2) Das Kriterium der Anstößigkeit: Je größer die Probleme sind, die ein Text oder eine Tradition den neutestamentlichen Autoren bereiten, desto höher die Wahrscheinlichkeit der Historizität.

Aber: Fatal wäre der Umkehrschluss, dass Texte und Traditionen, die zum Grundduktus der nachösterlichen Jesus-Überlieferung sehr gut passen, nicht auf geschichtlicher Überlieferung beruhen.

(3) Das Kriterium des Alters: Je älter die Überlieferung ist, desto höher die Wahrscheinlichkeit, dass es sich um historische Erinnerung handelt.

Aber: Jüngere Überlieferungen scheiden keineswegs notwendig aus der historischen Rückfrage aus; nur der Begründungsaufwand wird größer.

(4) Das Kriterium des Osterglaubens: Je deutlicher ein Evangelien-Text die Einzelheiten des Passionsgeschehens und der Auferstehung Jesu sowie das christologische Bekenntnis der Urgemeinde, wie es aus anderen Schriften erschlossen werden kann, zur Sprache bringt, desto größer muss die methodische Vorsicht bei der Rückfrage sein.

Aber: Weder die Thematisierung des Leidens und der Auferstehung Jesu noch ein christologischer Anspruch sind *eo ipso* als nachösterlich ausgewiesen.

(5) Das Kriterium der geschichtlichen Vernetzung: Je enger ein Evangelien-Text mit seinem Lokalkolorit (Orte, Personen, Kultur), seiner Sprache (Aramaismen, Semitismen), seinem »Sitz im Leben« und seiner Theologie in das Palästina der Zeit Jesu weist, desto höher ist die Wahrscheinlichkeit der Historizität.

Aber: Texte und Traditionen, die »griechisch« umgeformt sind und nicht so gut ins palästinische Judentum zu passen scheinen, scheiden nicht schon deshalb aus der geschichtlichen Jesus-Forschung aus.

(6) Das Kriterium der Besonderheit: Je charakteristischer und unverwechselbarer eine Jesus-Überlieferung ist, desto höher die Wahrscheinlichkeit der Historizität.

Aber: Nicht nur das Spektakuläre und Unverwechselbare, auch das Normale und Alltägliche zeichnet Jesu Geschichte aus.

(7) Das Kriterium der Kohärenz: Je enger ein Evangelien-Text in seiner Form, seinem Thema, seinem Skopus mit anderen typischen Jesus-Traditionen zusammenhängt, desto höher ist die Wahrscheinlichkeit der Historizität.

Aber: »Störende« Elemente dürfen gerade nicht ausgegrenzt, sondern müssen nach Möglichkeit integriert werden.

Sicherheit kann nie schon ein einzelnes Kriterium bringen. Erst die Kombination mehrerer Kriterien begründet ein Urteil. Jedes Kriterium ist nicht von vornherein selbstverständlich; es kann erst im Laufe einer längeren Untersuchung der Jesus-Tradition seine Prägnanz gewinnen und wird deshalb auch immer weiter auf dem Prüfstand stehen. Aber die Vierzahl der Evangelien mit ihrer komplexen Vorgeschichte stellt die historische Rückfrage nicht nur vor eine Reihe schwieriger Probleme, sondern eröffnet ihr vor allem Chancen, die im historischen wie im theologischen Interesse genutzt werden müssen. Jesus von Nazareth ist nicht nur die herausragende Gestalt der Weltgeschichte; seine Person, sein Wirken, sein Tod und seine Auferweckung bilden den Grund des ganzen christlichen Glaubens.

»Was hast du getan?«, wird Jesus im Prozess von seinem Richter Pilatus gefragt, der ihn aber loswerden will (Joh 18,35). Für Jesus ist es eine Frage auf Leben und Tod. Wer sie beantworten will, kommt an einer historischen Arbeit nicht vorbei.

Weiterführung

Methodische Exegese setzt viel voraus und eröffnet viele Möglichkeiten.

Vorausgesetzt ist nicht nur die Heilige Schrift. Vorausgesetzt ist auch die Überzeugung, dass durch methodische, wissenschaftlich kritische Arbeit der Glaube zwar in Frage gestellt, aber nicht zerstört, sondern bereichert wird. Vorausgesetzt sind bei den meisten Lesern auch schon längere eigene, unmethodische, deshalb aber nicht weniger interessante Formen der Begegnung mit der Bibel: sei es durch die persönliche Lektüre oder die gottesdienstliche Verlesung, durch Filme und Romane, Reportagen und Religionsunterricht.

Die wissenschaftliche Exegese erhebt keinen Monopolanspruch. Neben der methodischen Lektüre kann und muss es viele Formen der Auseinandersetzung geben, in denen es viel eher um den persönliche Glauben und das individuelle Interesse geht.[75] Manche Methoden benutzen den Bibeltext wie einen Spiegel, um die eigene Person, die eigene Gemeinde, die eigene Zeit widergespiegelt zu finden. Andere benutzen den Bibeltext wie ein Brennglas, um zu meditieren, was Gottes Wort ihnen sagt.

Die neutestamentliche Exegese benutzt den Bibeltext wie ein Fenster, durch das sie in die Welt Jesu und der Urgemeinde schaut, um in dieser Welt die Spuren Gottes zu erkennen. Sie will nicht nur Eindrücke sammeln, sondern Urteile fällen: was geschrieben steht, was gewesen ist und was gemeint ist. Deshalb befasst sich die Exegese gründlich mit der Herstellung und Beschaffenheit des Fensters, seiner Aufstellung und Position, seiner Klarsichtigkeit, seiner Lichtbrechung und seinen Lichtreflexen, seinem Ausschnitt und seiner Umgebung.

Wer mit exegetischen Augen durch das Fenster des Bibeltextes schaut, wird in eine fremde, ferne Welt geführt, die doch der eigenen unendlich nahe ist, weil Gott in ihr seine Spuren einzigartig eingedrückt hat. Die Exegese muss sich methodisch auf die Textarbeit beschränken. Aber sie kann sich nicht von weiteren Schritten isolieren:

- von der Geschichte der Überlieferung und Auslegung des Neuen Testaments,
- von der Sicherung der wesentlichen Glaubensinhalte der Heilige Schriften, wie sie in den Glaubenskenntnissen und Dogmen für die Kirche geschehen ist,
- von der theologischen Reflexion dessen, was das Neue Testament, immer mit dem Alten zusammengesehen, über Gott bezeugt;
- von der liturgischen Feier des Geheimnisses, um dessentwillen das Neue Testament geschrieben ist;
- von der gegenwärtigen Glaubensverkündigung der Predigt, der Mission und der Katechese,
- vom persönlichen Gebet und vom Dienst am Nächsten.

Für die neutestamentliche Exegese gibt es ein großes Vorbild, den Exegeten Jesus, wie ihn das Neue Testament in der Auslegung alttestamentlicher Texte zeigt. Drei Beispiele stechen hervor.

Im Streitgespräch mit den Sadduzäern (Mk 12,18–27), die nicht an die Auferstehung der Toten glauben, setzt Jesus auf den vollen Klang des Wortes Gottes, dessen Echo in der Heiligen Schrift zu hören ist. Die Sadduzäer konfrontieren ihn mit dem abstrusen Fallbeispiel einer Frau, die nacheinander sieben Brüder heiraten müsse und nicht wissen könne, wem sie im Himmel angehören solle. Jesus appelliert zuerst an die Vernunft: Im Himmel wird nicht geheiratet; denn die »Macht Gottes« gestaltet den »Himmel« nicht als triumphale Überhöhung der Erde, sondern als den Raum seiner Gegenwart, die qualitativ von der Jetztzeit unterschieden ist. Dann aber verweist Jesus auf die Schrift. Er zitiert aus dem »Buch des Mose an der Stelle vom Dornbusch« (Mk 12,26) Ex 3,6, die Berufung des Mose, und die Offenbarung Gottes als »Gott Abrahams, Gott Isaaks, Gott Jakobs« – und schlussfolgert: Gott sei ein »Gott der Lebenden, nicht der Toten«, weil Abraham, Isaak und Jakob für ihn nicht tot sein können, wenn er sich mit ihren Namen vorstellt. Es ist nicht der historische Ursprungssinn des Textes, die Auferstehungshoffnung zu begründen; aber wer wollte leugnen, dass es in der Konsequenz der gesamt-biblischen Gottesrede liegt, die Offenbarung Gottes so wie Jesus zu verstehen?

Im Streit mit Schriftgelehrten über die Davidssohnschaft des Messias (Mk 12,35–37) zitiert Jesus Ps 110. Hier argumentiert er mit dem genauen Wortlaut: Wenn »David«, der überlieferte Beter des Psalms, von seinem »Herrn« redet, der »zur Rechten« Gottes sitzt, kann es schwerlich der »Sohn« Davids sein, von dem geredet wird. Direkt wird es nicht gesagt, aber indirekt ist es deutlich genug: Der Messias muss der Gottessohn sein, sonst kann er Israel nicht retten.

Im Weggespräch mit den Emmausjüngern (Lk 24,13–35), die aus Jerusalem fliehen, weil sie mit dem Tod Jesu nicht fertig werden und die Auferstehungsbotschaft der Frauen nicht glauben können, fragt der auferstandene Jesus zuerst nach ihren Erfahrungen und lässt sie erzählen, weshalb sie trauern und ihre Hoffnung verloren haben. Dann beginnt er, ihnen das Geschehen zu deuten: »anfangend bei Mose und allen Propheten, erklärte er ihnen in der ganzen Heiligen Schrift das, was ihn betraf«. Diese Exegese auf dem Weg ist nicht auf schnelle Gleichungen aus. Sie lässt sich Zeit. Sie wählt nicht nur einen Ausschnitt aus der Bibel Israels, sondern orientiert sich am Ganzen. Sie beginnt vorn und führt ans Ende. Sie weiß, dass Jesus Christus die Mitte der Schrift ist, aber dass es die ganze Schrift braucht, um zu verstehen, wer er ist und was ihm widerfahren ist. Den Jüngern wird es erst wie Schuppen von den Augen fallen, wenn Jesus ihnen am gemeinsamen Tisch das Brot brechen wird. Aber zurück in Jerusalem, erzählen sie »alles, was ihnen unterwegs widerfahren war« – also vor allem das Schriftgespräch, das Jesus mit ihnen geführt hat.

Das Wort der Schrift ist theologisch nicht die letzte Instanz – das ist das lebendige Wort Gottes selbst. Aber dieses Gotteswort im Menschenwort – das begegnet in einzigartiger Qualität in der Heiligen Schrift. Deshalb ist, wie das Zweite Vatikanische Konzil sagt, »das Studium der Heiligen Schrift gleichsam die Seele der ganzen Theologie« (Dei Verbum 24).

Anhang

Anmerkungen

1 Eine aktuelle Liste findet sich unter folgender Internetadresse: www.uni-wuppertal.de/fba/kaththeo bei den »Studienhilfen«.

2 Auch sie finden sich unter der Internet-Adresse: www.uni-wuppertal.de/fba/kaththeo bei den »Studienhilfen«.

3 Vgl. *H. v. Lips,* Der neutestamentliche Kanon. Seine Geschichte und Bedeutung, Zürich 2004.

4 Cf. *Th. Söding,* Einheit der Heiligen Schrift? Zur Theologie des biblischen Kanons (QD 211), Freiburg – Basel – Wien 2005.

5 De Civitate Dei XVII 6,2.

6 Vgl. *W. Koller,* Einführung in die Übersetzungswissenschaft, Wiebelsheim ^{7}2004. Zur Bibelübersetzung: *W. Groß (Hg.),* Bibelübersetzung heute – Geschichtliche Entwicklungen und aktuelle Anforderungen. Stuttgarter Symposion 2000 (Arbeiten zur Geschichte und Wirkung der Bibel 2), Stuttgart 2001.

7 Für das Neue Testament gibt es eine Ausgabe von *E. Dietzfelbinger,* Neuhausen – Stuttgart 1986 u. ö.; für das Alte Testament liegt sie vor von *R. M. Steurer,* 5 Bde., Neuhausen-Stuttgart 1989–2003.

8 Für die katholische Exegese ist hilfreich, was das Zweite Vatikanische Konzil in seiner Offenbarungskonstitution »Dei Verbum« (»Wort Gottes«) über die Aufgabe der Exegese sagt: »Da Gott in der Heiligen Schrift durch Menschen nach Menschenart gesprochen hat, muß der Schrifterklärer, um zu erfassen, was Gott uns mitteilen wollte, sorgfältig erforschen, was die heiligen Schriftsteller wirklich zu sagen beabsichtigten und was Gott mit ihren Worten kundtun wollte. ... Weiterhin hat der Erklärer nach dem Sinn zu forschen, wie ihn aus einer gegebenen Situation heraus der Hagiograph den Bedingungen seiner Zeit und Kultur entsprechend – mit Hilfe der damals üblichen literarischen Gattungen – hat ausdrücken wollen und wirklich zum Ausdruck gebracht hat. Will man richtig verstehen, was der heilige Verfasser in seiner Schrift aussagen wollte, so muß man schließlich genau auf die vorgegebenen umweltbedingten Denk-, Sprach- und Erzählformen achten, die zur Zeit des Verfassers herrschten, wie auf die Formen, die damals im

menschlichen Alltagsverkehr üblich waren. – Da die Heilige Schrift in dem Geist gelesen und ausgelegt werden muß, in dem sie geschrieben wurde, erfordert die rechte Ermittlung des Sinnes der heiligen Texte, daß man mit nicht geringerer Sorgfalt auf den Inhalt und die Einheit der ganzen Schrift achtet, unter Berücksichtigung der lebendigen Überlieferung der Gesamtkirche und der Analogie des Glaubens. Aufgabe der Exegeten ist es, nach diesen Regeln auf eine tiefere Erfassung und Auslegung des Sinnes der Heiligen Schrift hinzuarbeiten, damit so gleichsam auf Grund wissenschaftlicher Vorarbeit das Urteil der Kirche reift« (Dei Verbum 12). Weiter ausgezogen sind diese Ansätze im Dokument der Päpstlichen Bibelkommission, Die Interpretation der Bibel in der Kirche (1993).

9 Für die kritische Durchsicht einer vorläufigen Fassung bedanken wir uns bei Prof. Dr. Barbara Aland und Dr. Klaus Wachtel, Münster/Westf.

10 *K. u. B. Aland*, Einführung, in: E. Nestle – K. Aland, Novum Testamentum Graece. 27., rev. Aufl. Stuttgart 1993 (mehrere Neudrucke), 1–43.

11 *K. u. B. Aland*, Der Text des Neuen Testaments. Einführung in die wissenschaftlichen Ausgaben sowie in Theorie und Praxis der modernen Textkritik, Stuttgart ²1989 (¹1982).

12 Bei *K. und B. Aland* (a. a. O. 116f) findet sich ein ausgeklügeltes System verschiedener Bewertungskategorien.

13 Über den Aufbewahrungsort, das Alter und den Textbestand aller relevanten Handschriften informiert in tabellarischer Form der Anhang zum »Nestle-Aland«.

14 Es handelt sich um ein Palimpsest: eine zweimal beschriebene Handschrift. Der neutestamentliche Text ist der ältere; er wurde zwischenzeitlich ausradiert und überschrieben.

15 Vertreten von *B. Lang*, Der Becher als Bundeszeichen: »Bund« und »neuer Bund« in den neutestamentlichen Abendmahlstexten, in: E. Zenger (Hg.), Der Neue Bund im Alten. Studien zur Bundestheologie der beiden Testamente (QD 146), Freiburg – Basel – Wien 1993, 199–212: 208f.

16 So *M. Rese*, Zur Problematik von Kurz- und Langtext in Luk. XXII. 17ff: New Testament Studies 22 (1975) 15–31.

17 Vgl. *H. Schürmann*, Lk 22,19b-20 als ursprüngliche Textüberlieferung (1951), in: ders., Traditionsgeschichtliche Untersuchungen zu den synoptischen Evangelien, Düsseldorf 1968, 159–192: 159–171.

18 Vgl. *W. Schrage*, Der Erste Brief an die Korinther. Bd. II (EKK VII/2), Neukirchen-Vluyn 1995, 48–211.

19 So *D. Zeller*, Der Vorrang der Ehelosigkeit in 1Kor 7: Zeitschrift für die neutestamentliche Wissenschaft 96 (2005) 61–77.

20 So *H. Merklein,* Der Erste Brief an die Korinther II (ÖTK 7/2), Gütersloh – Würzburg 2000, 103ff.; *A. Lindemann,* Der Erste Korintherbrief (HNT 9/1), Tübingen 2000, 156f.

21 Im weiteren Sinn wird der Begriff »Kontext« auch auf die Situation oder den Traditionsraum eines Textes bezogen. Hier ist aber um der terminologischen Klarheit willen nur im engeren Sinn der literarische Kon-Text gemeint.

22 In manchen Methodenbüchern firmiert die Kontextanalyse auch als »Kompositionsanalyse«, womit freilich nur ein Aspekt der Kontext-Einbindung erfasst wird.

23 In der Linguistik spricht man bisweilen mit gutem Grund von der »Partitur« eines Textes, wenn man seine Gesamt-Struktur, das Gefüge seiner Motive und das Netz seiner Sinnlinien betrachtet.

24 Vgl. *Ch. Metzdorf,* Die Tempelaktion Jesu. Patristische und historisch-kritische Exegese im Vergleich (WUNT II/168), Tübingen 2003.

25 Der implizite Autor ist eine Größe des Textes und vom tatsächlichen Verfasser zu unterscheiden. Für das Neue Testament ist z. B. auf das Phänomen der Pseudepigraphie, also der fingierten Verfasserschaft etlicher Briefe zu verweisen (s. Situationsanalyse). Analog sind auch implizite Adressaten und tatsächliche Leser des Textes nicht identisch (z. B. Timotheus und Titus als Adressaten der pseudepigraphen Pastoralbriefe). In vielen Fällen aber dürfte das implizite Bild von Autor und Leser wichtige Aspekte des tatsächlichen Verfassers und seiner Adressaten in sich aufgenommen haben. Auch wird jeder tatsächliche Leser vom Leserbild des Textes beeinflusst.

26 Münchener Neues Testament. Studienübersetzung, hg. von J. Hainz, Düsseldorf ^{6}2002 (^{1}1988).

27 Den gegenwärtigen Stand der literaturwissenschaftlichen Methodik beschreiben *M. Martinez – M. Scheffel,* Einführung in die Erzähltheorie, München ^{5}2003 (1999); vgl. *G. Genette,* Die Erzählung (frz. 1972/1983) (UTB), München ^{2}1998. Im Lichte dieser Arbeit nimmt die folgende Darstellung Anregungen des *narrative criticism* auf, die aber mit den klassischen Fragestellungen der Exegese vernetzt werden; vgl. *M.A. Powell,* What Is Narrative Criticism? (Guides to Biblical Scholarship. New Testament Series), Minneapolis 1990; *D.L. Stamps,* Rhetorical and Narratological Criticism, in: St. E. Porter (Hg.), Handbook to Exegesis of the New Testament (s. Lit.) 219–239; *G. Schunack,* Neuere literaturkritische Interpretationsverfahren in der anglo-amerikanischen Exegese: Verkündigung und Forschung 41 (1996) 28–55. Stärker vom Strukturalismus französischer Prägung her kommt *W. Egger,* Methodenlehre (s. Lit.) 119–133; vgl. *J. Zumstein,* Narrative Analyse und neutestamentliche Exegese in der frankophonen Welt: Verkündigung und Forschung 41 (1996) 5–27.

28 Vgl. *Ch. Münch*, Die Gleichnisse Jesu im Matthäusevangelium. Eine Studie zu ihrer Form und Funktion (WMANT 104), Neukirchen-Vluyn 2004.

29 Vgl. *H. Schürmann*, Das Lukasevangelium II/1 (HThK III/2.1), Freiburg – Basel – Wien 2000 (1994), 129–150.

30 Zur Gattungsdiskussion in der allgemeinen Literaturwissenschaft vgl. *R. Zymner*, Gattungstheorie. Probleme und Positionen der Literaturwissenschaft, Paderborn 2003.

31 Hilfreich für eine erste Orientierung: *G. Strecker*, Literaturgeschichte des Neuen Testaments (UTB 1682), Göttingen 1992; *D. Dormeyer*, Das Neue Testament im Rahmen der antiken Literaturgeschichte, Darmstadt 1993; *M. Reiser*, Sprache und literarische Formen des Neuen Testaments (UTB 2197), Paderborn 2001; *K. Berger*, Formen und Gattungen im Neuen Testament (UTB 2532), Tübingen 2005; zur Briefliteratur außerdem *H. J. Klauck*, Die antike Briefliteratur und das Neue Testament (UTB 2022), Paderborn 1998. In all diesen Arbeiten finden sich zahlreiche Hinweise auf weiterführende Literatur.

32 Die neutestamentlichen »Sitze im Leben« sind entscheidend durch die Grundvollzüge des kirchlichen Lebens geprägt (Gottesdienst, Mission, Diakonie, Katechese), durch die Entwicklung des Gemeinschaftslebens, aber auch durch Auseinandersetzungen innerhalb der Gemeinden und durch Konflikte mit Juden und Heiden. Dem jeweiligen »Sitz im Leben« entsprechen bestimmte »Funktionen« der neutestamentlichen Texte, u. a.:
– die Bezeugung, Feier und Reflexion des Glaubens (Herrenmahlstradition [Mk 14,22–25 parr; 1Kor 11,23–26], Glaubenskenntnisse [1Kor 15,3–5]),
– die Erinnerung an Jesus und die Anfangszeit der Kirche (Evangelien, Apostelgeschichte),
– die Werbung für das Evangelium (Missionsreden, Wundergeschichten),
– die Einführung in den Glauben und Vertiefung des Glaubens (Predigten [Apg 13,16–41], aber auch insgesamt der Hebräerbrief),
– die Begründung bestimmter Glaubenssätze und -praktiken sowie der Autorität von Personen und Institutionen (Schulgespräche [Mk 9,38–50], Pastoralbriefe),
– Verteidigung des Glaubens oder bestimmter Personen und Praktiken (Streitgespräche [Mk 12,18–27], Apologien [Apg 5,17–32]),
– die Kritik, Stärkung und Gestaltung des Gemeindelebens (Paraklesen [1Thess 4,1–12]; Abschiedsreden [Joh 14–16; Apg 20,16–36]),
– die Begründung, Einübung und Bekräftigung bestimmter Verhaltensweisen (Bergpredigt [Mt 5–7], Jakobusbrief),
– Polemik und Streit mit Gegnern (wie z. B. in Phil 3,2ff oder Jud 8–16).
Eine ausführliche Typologie (mit einigen anderen Akzenten) findet sich bei *K. Berger*, Exegese des Neuen Testaments (s. Lit.) 111–127.

33 Vgl. Mk 2,1–12 parr; Apg 3,1–10; 9,32–35; 14,8–10.20, aber auch z. B. 1Kön 13,4ff und TestSim 2,11–14. Einige griechisch-römische Texte findet man übersichtlich zusammengestellt (und ins Deutsche übertragen) bei *R. Pesch – R. Kratz*, So liest man synoptisch. Anleitung und Kommentar zum Studium der synoptischen Evangelien II: Wundergeschichten, Teil 1: Exorzismen, Heilungen, Totenerweckungen, Frankfurt/M. 1976, 51–55.72f.

34 Einen Überblick über das Gattungsschema verschafft *G. Theißen*, Urchristliche Wundergeschichten. Ein Beitrag zur formgeschichtlichen Erforschung der synoptischen Evangelien (StANT 8), Gütersloh ^{5}1987 (^{1}1974) 82f.98–102.

35 Zum Material vgl. *W. Kahl*, New Testament Miracle Stories in Their Religions-Historical Setting. A Religionsgeschichtliche Comparision from a Structural Perspective (FRLANT 163), Göttingen 1994.

36 Vgl. *M. Wolter*, Inschriftliche Heilungsberichte und neutestamentliche Wundererzählungen. Überlieferungs- und formgeschichtliche Betrachtungen, in: K. Berger u. a., Studien und Texte zur Formgeschichte (TANZ 7), Heidelberg 1992, 135–175 (mit vielen Textbeispielen).

37 Kurzbiographie: *M.P. Nilsson*, Geschichte der griechischen Religion (HAW 5.2/2), München 1974, 419–425. Apollonius trat eine Generation nach Jesus auf; seine Biographie wurde von Philostratos im 3. Jh. geschrieben.

38 Vgl. (mit weiteren Nachweisen aus der jüdischen Literatur) *C.A. Evans*, Jesus and His Contemporaries. Comparative Studies (AGAJU 25), Leiden 1995, 213–243.

39 Vgl. *I. Broer*, Die Teichanlage von Betesda und das Wunder von Joh 5: Bibel und Kirche 59 (2004) 147–151.

40 Die weitere Einbindung untersucht, verbunden mit einer diachronischen Analyse, *M. Labahn*, Jesus als Lebensspender. Untersuchungen zu einer Geschichte der johanneischen Tradition anhand ihrer Wundergeschichten (BZNW 98), Berlin 1999, 213–264.

41 Ein Beispiel, das immer wieder diskutiert wird (vgl. *W. Schrage*, Der Erste Brief an die Korinther III [EKK VII/3], Neukirchen-Vluyn 1999, 479–501), ist der Abschnitt 1Kor 14,33b-36, in dem den Frauen geboten wird, in der Gemeindeversammlung zu schweigen. Umstritten ist, ob der Text ursprünglich zum Paulusbrief gehört. Dafür spricht (u. a.), dass es keine Handschrift gibt, die den Passus nicht enthält und dass ihn zwar einige wenige (jüngere) Handschriften an späterer Stelle (nämlich nach V. 40), die ältesten und besten aber nach V. 33a platzieren. Dagegen spricht, dass Paulus in 1Kor 11,5 das prophetische Reden von Frauen im Gottesdienst, das in 14,33b-36 ausgeschlossen scheint (wenn man nicht das verbotene »Reden« irgendwie, z. B. auf »Zungenreden«, einschränken will), als selbstverständlich voraussetzt und allerdings Wert darauf legt, dass Prophetinnen ihr Haar nach jüdi-

scher Sitte mit einem Tuch bedecken. Wenn 14,33b-36 später eingetragen worden ist, dann etwa zur Zeit der Pastoralbriefe, die ähnliche Restriktionen kennen (1Tim 2,8–15) und gleichzeitig erste Sammlungen von Paulus-Briefen bezeugen.

42 Diskutiert wird dies besonders beim Philipperbrief und beim Zweiten Korintherbrief: im ersten Fall wegen des harten Gegensatzes in Stimmung, Thema und vorausgesetzter Situation zwischen 1,1–3,1 und 3,2–20; im zweiten wegen zahlreicher gedanklicher Brüche und überraschender Wiederaufnahmen, die an den Nahtstellen 2,13/14 und 7,4/5 sichtbar werden, sowie wegen der situativen, literarischen und thematischen Einheit von 2Kor 10–13 (auf welchen »Tränenbrief« in 2Kor 2,3f angespielt sein könnte).

43 Zum Kriterium der Kohärenz vgl. weiterführend *E.-M. Becker,* Was ist ›Kohärenz‹? Ein Beitrag zur Präzisierung eines exegetischen Leitkriteriums: Zeitschrift für die neutestamentliche Wissenschaft 94 (2003) 97–121.

44 Eine Liste hat *F. Neirynck* zusammengestellt: The Minor Agreements in a Horizontal-Line Synopsis (SNTA 15), Leuven 1991. Zur Diskussion vgl. *G. Strecker (Hg.),* Minor Agreements (GTA 50), Göttingen 1993.

45 Viele weiterführende Beobachtungen sammelt *U. Mell,* Die Zeit der Gottesherrschaft. Zur Allegorie und zum Gleichnis von Markus 4,1–9 (BWANT 144), Stuttgart u. a. 1998.

46 Einzelnachweise bei *J. Jeremias,* Die Gleichnisse Jesu, Göttingen ^{8}1970 (^{1}1947), 11.

47 Eine ausführliche Darstellung mit vielen Beispielen findet sich bei *H. Zimmermann,* Methodenlehre (s. Lit.) 228–238.

48 Detaillierte Untersuchung bei *G. Häfner,* Der verheißene Vorläufer. Redaktionskritische Untersuchung zur Darstellung Johannes des Täufers im Matthäus-Evangelium (SBB 27), Stuttgart 1994.

49 Die in der Forschung diskutierte Frage, ob es auch in der Redenquelle eine Tauf-Perikope gegeben hat, kann hier auf sich beruhen.

50 Eine aktuelle Liste findet sich unter: www.uni-wuppertal.de/fba/kaththeo bei den »Studienhilfen«.

51 Vgl. *H. Botermann,* Das Judenedikt des Kaisers Claudius. Römischer Staat und Christiani im 1. Jahrhundert (Hermes 71), Stuttgart 1996; *D. Alvarez Cineira,* Die Religionspolitik des Kaisers Claudius und die paulinische Mission (HBS 19), Freiburg 1999.

52 Der Text im Zusammenhang und in deutscher Übersetzung bei *C. K. Barrett – C. J. Thornton (Hg.),* Texte zur Umwelt des Neuen Testaments (UTB 1591), Tübingen ^{2}1991, Nr. 9.

53 Vgl. *R. Riesner,* Die Frühzeit des Apostels Paulus. Studien zur Chronologie, Missionsstrategie und Theologie (WUNT 71), Tübingen 1994, 180–189.

54 Wie aus anderen Quellen bekannt ist: ein Bruder des Philosophen und Nero-Erziehers Seneca.

55 Der Text der Inschrift nach *C. K. Barrett* – *C. J. Thornton (Hg.)*, a. a. O. Nr. 53. Der griechische Text z. B. bei *H. M. Schenke* – *K. M. Fischer*, Einleitung in die Schriften des Neuen Testaments, Bd. 1, Gütersloh 1978, 50.

56 Eine Notiz in Briefen seines Bruders L. Annaeus Seneca (Ep Mor 104,1) über eine Erkrankung des Gallio gibt Anlass zu weiteren Überlegungen, ob Gallio seine Amtszeit vorzeitig beendet hat, sich also die Zeit weiter eingrenzen lässt. Das ist aber nicht sicher auszumachen.

57 Ihre Ergebnisse führen unmittelbar in die Interpretation hinein, weshalb es sich in der Regel empfiehlt, im Rahmen einer Arbeit die Motivanalyse nicht in einem eigenständigen Kapitel abzuhandeln, sondern ihren Ertrag in die Interpretation zu integrieren.

58 *K. Berger*, Im Anfang war Johannes. Datierung und Theologie des vierten Evangeliums, Stuttgart 1997, 228.

59 Die in der Literatur und in ntl. Wörterbüchern wegen des Befundes der Apokalypse häufig angegebene Bedeutung (ausgewachsener, kraftvoller) »Widder« ist weder durch die profangriechische noch durch die jüdisch-hellenistische Literatur gedeckt; der terminus technicus lautet κριός *[kriós]*; vgl. Jos, ant. 3,221.251. In Joh 21,15 und 2Clem 5,2ff heißt ἀρνίον »Lamm«. Für ἀρήν κτλ. gibt das Wörterbuch von *H. G. Liddell/R. Scott* (A Greek-English Lexicon. With a Supplement 1968. New [9.] Edition, rev. and augmented throughout by H.St. Jones, Reprint Oxford 1985) »Lamm (unter einem Jahr)« an. In Barn 2,5 (Jes 1,11) bezeichnet es das Opferlamm, in Lk 10,3 die wehrlosen kleinen Schafe, die von den Wölfen bedroht werden, in PsSal 8,23 die Unschuld der Heiligen. Vgl. auch *O. Hofius*, APNION – Widder oder Lamm? Erwägungen zur Bedeutung des Wortes in der Johannesapokalypse (1998), in: ders., Neutestamentliche Studien (WUNT 132), Tübingen 2000, 241–250.

60 Vgl. *D. Rusam*, Das »Lamm Gottes« (Joh 1,29.36) und die Deutung des Todes Jesu im Johannesevangelium: Biblische Zeitschrift 49 (2005) 60–80.

61 Anders *K. Berger* (a. a. O. 299f), der mit Verweis auf slavHen 64,5 die parakletische Funktion des Erhöhten angesprochen hört. Aber der motivgeschichtliche Weg zu Jes 53 ist breiter und kürzer.

62 Die einzige andere LXX-Stelle, die ernsthaft in Betracht kommt, ist Jer 11,19: Der Prophet wird wie ein »unschuldiges Lamm zum Opfer geführt« (LXX: ἀρνίον ἄκακον ἀγόμενον τοῦ θύεσθαι; Aquila und Symmachus: εἰς σφαγήν). Allerdings ist nicht wie in Jes 53,7 die Ergebenheit, sondern die Ahnungslosigkeit des Propheten betont. Vgl. allerdings Justin, Dial 72,2f; Melito, Passa 63,454.

63 P. *Stuhlmacher* (Das Lamm Gottes – eine Skizze, in: H. Cancik – H. Lichtenberger – P. Schäfer [Hg.], Geschichte – Tradition – Reflexion III: Frühes Christentum, Tübingen 1996, 529–542: 553ff) erinnert an die Tamidopfer, bei denen jeden Morgen und jeden Abend ein »fehlerfreies Lamm« (ἀμνὸς ἄμωμος) vom Priester zur Heiligung Israels dargebracht wird (Ex 29,38–42; Num 28,3–8; Ez 46,13ff). Freilich handelt es sich um ein Brandopfer. Die sühnende Bedeutung des Blutes lässt sich nur indirekt erschließen. Eindeutig ist erst Jub 6,14 (» ... Fürbitte ... mit Blut ... vor dem Altar«); 50,11 (»Sühnopfer«). Dort wird wahrscheinlich unter dem Einfluss anderer Stellen die Sühne gerade an das Opferblut gebunden.

64 Die äthiopische Version geht auf die griechische Übersetzung eines aramäischen oder hebräischen Originals zurück. Die griechischen Termini für »Lamm«, »Schaf« und »Widder« können nicht mehr sicher erschlossen werden. Vermutlich hat für »Schaf« πρόβατον und für »Widder« κριός gestanden, für »Lamm« entweder ἀμνός oder aber ἀρνίον.

65 Der Text ist übersetzt bei *J.H. Charlesworth – J.R. Müller*, Die »Schrift des Sem«: Aufstieg und Niedergang der Römischen Welt II 20.2 (1987) 951–987.

66 Die Diskussion in Deutschland ist durch das Werk des amerikanischen Alttestamentlers *B.S. Childs* beflügelt worden: Die Theologie der einen Bibel I-II, Freiburg – Basel – Wien 1994. 1996. Sein Konzept hat allerdings – teilweise zu Unrecht – den Eindruck erweckt, kanonische Exegese bedeute einen Verzicht auf Diachronie. Die heutige Diskussion zielt eher auf eine integrative Verbindung; vgl. *K.-W. Niebuhr (Hg.)*, Grundinformation Neues Testament. Eine bibelkundlich-theologische Einführung (UTB 2108), Göttingen ²2003. Den gegenwärtigen Stand der Kanonforschung dokumentiert *J.-M. Auwers – H.J. de Jonge (ed.)*, The Biblical Canons (BEThL 163), Leuven 2003.

67 Vgl. *J. Jeremias*, Unbekannte Jesusworte. Unveränderter Nachdruck der dritten, unter Mitwirkung von Otfried Hofius völlig neu bearbeiteten Auflage, Gütersloh 1965 (1963); *O. Hofius*, »Unbekannte Jesusworte«, in: P. Stuhlmacher (Hg.), Das Evangelium und die Evangelien (WUNT 28), Tübingen 1983, 355–382.

68 Vgl. *H.-J. Klauck*, Apokryphe Evangelien. Eine Einführung, Stuttgart 2002.

69 Vgl. *St. Alkier – J. Zangenberg (Hg.)*, Zeichen aus Text und Stein. Studien auf dem Weg zu einer Archäologie des Neuen Testaments (TANZ 42), Tübingen 2003.

70 Für die Theologie grundlegend dargestellt von *E. Troeltsch*, Über historische und dogmatische Methode in der Theologie (1898), in: ders., Zur religiösen Lage, Religionsphilosophie und Ethik. Gesammelte Schriften II, Tübingen ²1922, 729–753. Im Folgenden nehme ich die Kritik von *W. Pannenberg* auf: Der Gott der Geschichte. Der trinitarische Gott und die

Wahrheit der Geschichte (1977), in: ders., Grundfragen systematischer Theologie II, Göttingen 1980, 112–128.

71 Das war das große Projekt von *J. Jeremias,* Neutestamentliche Theologie 1: Die Verkündigung Jesu, Göttingen ^{4}1988 (^{1}1971), 13–49.

72 Vgl. *F. Hahn,* Methodologische Überlegungen zur Rückfrage nach Jesus, in: K. Kertelge (Hg.), Rückfrage nach Jesus. Zur Methodik und Bedeutung der Frage nach dem historischen Jesus (QD 63), Freiburg – Basel – Wien ^{3}1977 (1974), 11–77: 29.

73 Für das 19. Jh. hat dies *A. Schweitzer* glänzend analysiert: Geschichte der Leben-Jesu-Forschung, Tübingen ^{2}1913 (Nachdruck, hg. v. O. Merk, Tübingen ^{9}1984).

74 Eine gute Zusammenfassung und Auswertung der Diskussion mit vielen Literaturhinweisen findet sich bei *C.A. Evans,* The Life of Jesus, in: St. E. Porter (Hg.), Handbook to Exegesis of the New Testament (s. Lit.) 427–475, bes. 442–446.

75 Gute Übersichten vermitteln *H. K. Berg.* Ein Wort wie Feuer. Wege lebendiger Bibelauslegung, München 1991; *D. Emeis,* Bibelarbeit praktisch. Orientierung – Methoden – Impulse, Freiburg – Basel – Wien 1994; *G. Fischer,* Wege in die Bibel (s. Lit.); *T. Schramm,* »Die Bibel ins Leben ziehen«. Bewährte »alte« und faszinierende »neue« Methoden lebendiger Bibelarbeit, Stuttgart 2003. Methoden beschreibt *A. Hecht,* Zugänge zur Bibel. Methoden für Gruppen. Schnupperkurs, Stuttgart 2003. Eine Brücke von der kulturwissenschaftlichen Exegese her baut *G. Theißen,* Zur Bibel motivieren. Aufgaben, Inhalte und Methoden einer offenen Bibeldidaktik, Gütersloh 2003.

Literatur zu den exegetischen Methoden

Die folgende Liste beschränkt sich auf Auswahl eingeführter Lehrbücher und aktueller Beiträge zu den Methoden der Exegese. Eine umfassende Liste mit Standardlehrbüchern und Hilfsmitteln der Exegese findet sich unter www.uni-wuppertal.de/fba/kaththeo bei den »Studienhilfen«

Adam, G.- O. Kaiser – W.G. Kümmel – O. Merk, Einführung in die exegetischen Methoden, Gütersloh 2000 (^{1}1966)

Alkier, St. – R. Brucker (Hg.), Exegese und Methodendiskussion (TANZ 23), Tübingen 1998

Berger, K., Exegese des Neuen Testaments. Neue Wege vom Text zur Auslegung (UTB 658), Heidelberg ^{3}1991 (^{1}1977)

Conzelmann, H. – A. Lindemann, Arbeitsbuch zum Neuen Testament (UTB 52), Tübingen ^{14}2004 (^{1}1975)

Dreytza, H. u. a., Das Studium des Alten Testaments. Eine Einführung in die Methoden der Exegese (Bibelwissenschaftliche Monographien 10), Wuppertal 2002

Egger, W., Methodenlehre zum Neuen Testament. Einführung in linguistische und historisch-kritische Methoden, Freiburg – Basel – Wien ^{4}1996 (^{1}1987)

Fenske, W., Arbeitsbuch zur Exegese des Neuen Testaments. Ein Proseminar, Gütersloh 1999

Fischer, G., Wege in die Bibel. Leitfaden zur Auslegung. Unter Mitarbeit von B. Repschinski und A. Vonach, Stuttgart 2000

Fohrer, G. u. a., Exegese des Alten Testaments. Einführung in die Methodik (UTB 267), Heidelberg ^{6}1993 (^{1}1973)

Haacker, K., Neutestamentliche Wissenschaft. Eine Einführung in Fragestellungen und Methoden, Wuppertal ^{2}1985 (^{1}1981)

Kreuzer, S. – D. Vieweger (Hg.), Proseminar I – Altes Testament. Ein Arbeitsbuch, Stuttgart u. a. 1999

Lührmann, D., Die Auslegung des Neuen Testaments (Zürcher Grundrisse zur Bibel), Zürich ^{2}1987 (^{1}1984)

McKenzie, St. L. – St. R. Haynes (Hg.), To Each Its Own Meaning. An Introduction to Biblical Criticisms and Their Applications, Louisville 1999 (1993)

Meiser, M. u. a., Proseminar II: Neues Testament – Kirchengeschichte. Ein Arbeitsbuch, Stuttgart u. a. 2000

Meurer, Th., Einführung in die Methoden alttestamentlicher Exegese (Münsteraner Einführungen: Theologische Arbeitsbücher 3), Münster 1999

Neudorfer, H. W. – E. J. Schnabel (Hg.), Das Studium des Neuen Testaments, Bd. I: Eine Einführung in die Methoden der Exegese (Bibelwissenschaftliche Monographien 5), Wuppertal 1999

Porter, St. E. (Hg.), Handbook to Exegesis of the New Testament (NTTS 25), Leiden – New York – Köln 1997

Roloff, J., Neues Testament (Neukirchener Arbeitsbücher), Neukirchen-Vluyn [7]1999 ([1]1977)

Schnelle, U., Einführung in die neutestamentliche Exegese (UTB 1253), Göttingen [5]2000

Söding, Th., Wege der Schriftauslegung. Methodenbuch zum Neuen Testament. Unter Mitarbeit von Ch. Münch, Freiburg – Basel – Wien 1998

Steck, O. H., Exegese des Alten Testaments – Leitfaden der Methodik. Ein Arbeitsbuch für Proseminare, Seminare und Vorlesungen, Neukirchen-Vluyn [14]1999 (1971)

Stenger, W., Biblische Methodenlehre (Leitfaden Theologie 18), Düsseldorf 1987

Sternberg, Th. (Hg.), Neue Formen der Schriftauslegung? (QD 140), Freiburg – Basel – Wien 1992

Theologische Berichte 13: Methoden der Evangelien-Exegese, Zürich 1985

Utzschneider, H. – St. A. Nitsche, Arbeitsbuch literaturwissenschaftliche Bibelauslegung. Eine Methodenlehre zur Exegese des Alten Testaments, Gütersloh 2001

Wilcke, H.-A., Das Arbeiten mit neutestamentlichen Texten. Eine Einführung in die exegetischen Methoden, Essen [2]1993 ([1]1987)

Wischmeyer, O. (Hg.), Herkunft und Zukunft der neutestamentlichen Wissenschaft (Neutestamentliche Entwürfe zur Theologie 6), Tübingen – Basel 2003

Zimmermann, H., Neutestamentliche Methodenlehre. Darstellung der historisch-kritischen Methode, bearbeitet von K. Kliesch, Stuttgart [7]1982 ([1]1967)

Schriftstellen (Neues Testament)

Ausführlichere Besprechungen sind durch Kursivdruck hervorgehoben.

Mt 1–2   108
Mt 1,1   17
Mt 3,13–17   *107f*
Mt 5–7   163 (Anm. 32 v. S. 80)
Mt 5,3–6   61
Mt 5,6.10,20   108
Mt 6,1.33   108
Mt 8,11f   116
Mt 8,28–34   103
Mt 9,9–13   102
Mt 9,13   57
Mt 12,7   57
Mt 14,22–33   103
Mt 18   69
Mt 21,1–11   57
Mt 21,5   57
Mt 21,12–21   102
Mt 21,12–17   *57*
Mt 21,18f   57
Mt 21,32   108
Mt 22,1–10.11–14   102
Mt 26,26–29   40
Mt 23   47

Mk 1,1   17, 88
Mk 1,11   107
Mk 1,15   56, 145
Mk 1,23–27   83
Mk 1,32ff   103
Mk 2,1–12   164 (Anm. 33 v. S. 83)
Mk 2,13–17   102
Mk 3,1–6   85
Mk 4,1–20   *97ff*
Mk 4,26–29   97
Mk 4,30ff   97
Mk 4,33f   97
Mk 4,10–12   80
Mk 5,1–20   83, 103

Mk 5,1   47
Mk 5,25   85
Mk 6,45–52   103
Mk 7,3f   47, 102
Mk 7,33   85
Mk 8,23   85
Mk 9,2–8   107
Mk 9,17–22   85
Mk 9,14–29   103
Mk 9,18   116
Mk 9,28f   84
Mk 9,38–50   163 (Anm. 32 v. S. 80)
Mk 11,12–20   102
Mk 11,12ff.20f   56
Mk 11,15–19   *56f*
Mk 11,22–25   56
Mk 12,18–27   *157f*, 163
   (Anm. 32 v. S. 80)
Mk 12,26   147
Mk 12,35–37   *158*
Mk 13,1f   57
Mk 13,14   14
Mk 14,22–25   40, 163
   (Anm. 32 v. S. 80)
Mk 14,25   116
Mk 14,55–64   57
Mk 15,39   107

Lk 1,1–4   14, 17, 45, 87, 102
Lk 3,21f   107
Lk 9,37–42   103
Lk 18,9–14   116
Lk 10,18   116
Lk 10,25–29   71
Lk 10,30–37   *71–74*
Lk 10,38–42   74
Lk 11,14   74
Lk 11,20   85

Lk 14,15–24   102
Lk 19,41–44   58
Lk 19,45–48   *58*
Lk 22,14–23   *40ff*
Lk 24,13–35   *158*

Joh 1,29.36   *122ff*
Joh 2,13–22   *58*
Joh 2,22   103
Joh 3,1ff   103
Joh 3,14f   124
Joh 3,16   124
Joh 4,9   73
Joh 4,23   58
Joh 5,1–9a   *82–86*
Joh 7,50   103
Joh 9,1   85
Joh 9,6   85
Joh 10,11   124
Joh 11,45–53   103
Joh 13,1ff   123
Joh 14–16   163 (Anm. 32 v. S. 80)
Joh 18,31–33.37f   32
Joh 18,35   155
Joh 19,13   102
Joh 19,14   123
Joh 20,30f   17, 102
Joh 21,24   46, 88, 102

Apg 1,1f   14, 17, 45
Apg 2,42–47   103
Apg 2,46   58
Apg 3,1–10   164 (Anm. 33 v. S. 83)
Apg 5,17–32   163
   (Anm. 32 v. S. 80)
Apg 8,32–35   *122f, 124*
Apg 9,32–35   164
   (Anm. 33 v. S. 83)
Apg 13,16–41   163
   (Anm. 32 v. S. 80)
Apg 14,8–10.20   164
   (Anm. 33 v. S. 83)

Apg 18,1–17   *112–115*
Apg 18,18.26   112, 113
Apg 19,21–40   114
Apg 20,16–36   163
   (Anm. 32 v. S. 80)
Apg 28,7–10   114
Apg 28,16–31   113

Röm 1,15   14
Röm 6,16   118
Röm 9–11   116
Röm 11,33–36   61
Röm 15,15f   14
Röm 16,3–16   45
Röm 16,3–5   112, 113

1Kor 1,2   123
1Kor 1,4–9   45
1Kor 1,11   49
1Kor 1,17ff   45
1Kor 3,21ff   61
1Kor 5,1–8   123
1Kor 5,1   49
1Kor 5,7   *122f*
1Kor 6,1–20   49
1Kor 6,12   50
1Kor 6,20   124
1Kor 7   *48–51*
1Kor 8,1   49
1Kor 8,6   61
1Kor 11,18   49
1Kor 11,23–26   90, 102
1Kor 11,23f   40, 163
   (Anm. 32 v. S. 80)
1Kor 12,1   49
1Kor 13,1ff   49
1Kor 14,33–36   *164f*
   (Anm. 41 v. S. 86)
1Kor 15,1–11   102
1Kor 15,1ff   90
1Kor 15,3–5   163
   (Anm. 32 v. S. 80)

Schriftstellen (Neues Testament)

1Kor 16,1   49
1Kor 16,19   112, 113

2Kor 1   165 (Anm. 42 v. S. 86)
2Kor 1,3–11   45
2Kor 5,18   17
Gal 1,1–9   45
Gal 3,1–5   45
Gal 6,16   17

Phil   165 (Anm. 42 v. S. 86)
Phil 3,2ff   163 (Anm. 32 v. S. 80)

Kol 4,15ff   45
Kol 4,16   16

1Thess 1,2–3,10   45
1Thess 2,13   17
1Thess 4,1–12   163
     (Anm. 32 v. S. 80)
1Thess 5,27   16

2Thess 2,1–12   16

Past   14, 163 (Anm. 32 v. S. 80)

1Tim 3,16   61

2Tim 4,19   112, 113

Jak   163 (Anm. 32 v. S. 80)
Jak 1,1   45

1Petr 1,1f   45
1Petr 1,19   *122f, 124ff*
1Petr 2,4–10   125
1Petr 2,24   124

2Petr 3,14f   16

Jud 8–16   163 (Anm. 32 v. S. 80)

Offb 1,1   17
Offb 1,3   16
Offb 1,4   127
Offb 5,5   126
Offb 5,6   *122f, 126f*
Offb 5,8   127
Offb 5,9f   127
Offb 5,9   126
Offb 7,14   126
Offb 12   116

Weitere Bände der »Kleinen Reihe«

Adalbert Hamman/Alfons Fürst
Kleine Geschichte der Kirchenväter
2004, 222 S. mit Karte, Zeittafel und
kommentierter Bibliographie
Bestell-Nr. 3-451-28516-9

Roland Fröhlich
Kleine Geschichte der Kirche in Daten
2004, 224 S. mit Papst- und Konzilienliste,
Literaturverzeichnis, Register
Bestell-Nr. 3-451-28350-6

Hans-Georg Deggau
Kleine Geschichte der Katharer
2005, 144 S. mit Zeittafel und Register
Bestell-Nr. 3-451-28780-3

Rolf Decot
Kleine Geschichte der Reformation in Deutschland
2005, 176 S. mit Karte, Zeittafel,
kommentierten Literaturhinweisen und Register
Bestell-Nr. 3-451-28613-0

Knut Wenzel
Kleine Geschichte des Zweiten Vatikanischen Konzils
2005, 256 S. mit kommentierter Bibliographie, Glossar,
Kurzbiographien
Bestell-Nr. 3-451-28612-2

Werner Löser
Kleine Hinführung zu Hans Urs von Balthasar
2005, 184 S. mit Werkverzeichnis, Lebenslauf und
kommentierter Bibliographie
Bestell-Nr. 3-451-28781-1

Gisbert Greshake
Kleine Hinführung zum Glauben an den drei-einen Gott
2005, 133 S. mit kommentierter Bibliographie und Register
Bestell-Nr. 3-451-28611-4

Eckhard Jaschinski
Kleine Geschichte der Kirchenmusik
2004, 144 S. mit Literaturverzeichnis und Zeittafel
Bestell-Nr. 3-451-28323-9

Erhältlich in jeder Buchhandlung!

HERDER